CORMORAN

GRAND CANYON

Blick vom Südrand (South Rim) des Grand Canyon auf die Steilabstürze der Schlucht.

CORMORAN

GRAND CANYON

Fotos: Christian Heeb
Text: Helmut Friedrich

Der Watchtower bei Desert View, eine eindrucksvolle Nachbildung eines alten Indianerturms, bietet einen ausgezeichneten Blick in den Canyon.

INHALT

Blick vom South Rim auf die zerklüftete Erosionslandschaft des Grand Canyon.

PANORAMA DER ERDGESCHICHTE: GRAND CANYON UND COLORADO RIVER

Andere Schluchten der Erde mögen tiefer oder enger sein – so grandios aber wie der Grand Canyon, so ehrfurchtgebietend, so faszinierend und so berühmt ist keine zweite.

Wer heute zum ersten Mal an den Rand dieses gewaltigen Einschnitts in die Erdkruste tritt, tut das «gefaßt», denn er hat schon zahlreiche Fotos und Filme gesehen oder Berichte anderer gehört. Und dennoch wird er überwältigt sein und staunen, wie groß, wie dramatisch diese Schlucht in Wirklichkeit ist. Was aber mag in den ersten Menschen, den Indianern, vorgegangen sein, die hierher kamen, was in den ersten Weißen, die den Grand Canyon völlig unvorbereitet erreichten?

Entdeckung und Erforschung der großen Schlucht

Nichts davon ist überliefert. Die Indianer kannten die Schrift nicht, die ersten Weißen hielten das Aufschreiben ihrer Beobachtungen nicht der Mühe wert. Vorstellbar ist aber, daß die Indianer – Menschen, für die auch heute noch die Natur in besonderem Maße heilig ist – den Grand Canyon auf ihre Weise verehrten. Die Legenden, die sie von seiner Entstehung erzählen, weisen darauf hin, wie auch ihr Name «Kaibab» für den Grand Canyon: auf den Kopf gestelltes Gebirge.

Den ersten Europäern, die den Canyon sahen, war wenig heilig, die Natur schon gar nicht: Es waren Goldsucher, und ihre Empfindungen am Rand des Grand Canyon waren sicherlich weniger von Ergriffenheit geprägt als vielmehr von Erschrecken, Ratlosigkeit, Enttäuschung, vielleicht auch von Wut. Sie waren Mitglieder der Coronado-Expedition, eines Trupps von 336 Spaniern und 1000 Indianern, die im Jahr 1540 unter der Führung von Francisco Vásquez de Coronado auf der Suche nach den legendären «Sieben Goldenen Städten von Cibola» durch die «Große Amerikanische Wüste» zogen. In diesem wasserarmen Land hörten sie von dort ansässigen Indianern von einem großen Fluß weiter im Norden. Sollten dort die reichen Siedlungen liegen? Coronado schickte einen aus 25 Spaniern bestehenden Suchtrupp los, angeführt von Hauptmann Garcia Lopez de Cárdenas, der nach 20 Tagesreisen den Grand Canyon erreichte, wahrscheinlich zwischen den heutigen Aussichtspunkten Moran Point und Desert View. Drei Tage verbrachten die Männer am Rande der Schlucht, ohne daß sie einen Weg hinunter finden konnten. Die Suche nach den Goldstädten war damit gescheitert.

Nach diesem erfolglosen Versuch, den Canyon kennenzulernen, geriet dieser wieder in Vergessenheit. Erst 200 Jahre später wurde er erneut besucht; von Pater Francisco Tomás Garcés von der spanischen Mission San Xavier del Bac bei Tucson. Er versuchte, die am Colorado lebenden Havasupai-Indianer zum Christentum zu bekehren. Diese nahmen ihn zwar überaus freundlich auf, veranstalteten ein mehrtägiges Festessen, bekehren ließen sie sich indes nicht. So blieb also auch dieser Besuch erfolglos, aber von ihm ist immerhin der Name Colorado geblieben: Der Pater war der erste, der vom «Rio Colorado» berichtete, dem «roten Fluß».

1858 fuhr unter der Leitung von Lieutenant Joseph C. Ives die «Explorer», ein 15 Meter langer Heckraddampfer («stern-wheeler»), von der Colorado-Mündung flußaufwärts. Man wollte herausfinden, wie weit der Colorado schiffbar ist. Kurz nachdem das Schiff in der Nähe des heutigen Hoover Dam in den inzwischen überfluteten Black Canyon eingefahren war, war die Fahrt jedoch schon zu Ende: Die «Explorer» war auf einen versteckten Felsen aufgelaufen. Durch den heftigen Aufprall wurden einige Mitglieder der Besatzung über Bord geschleudert, das Schiff wurde so schwer beschädigt, daß an ein Weiterkommen nicht mehr zu denken war.

So versuchten Ives und seine Leute, auf Maultieren weiter in den Grand Canyon vorzudringen. Bald aber stießen sie auf unüberwindliche Hindernisse und mußten umkehren. Was Joseph C. Ives in seinem Bericht über diese erfolglose Expedition niederschrieb, verdient, zitiert zu werden: «Wir waren die erste Gruppe

Eine Überraschung für viele Besucher: Der Grand Canyon ist keineswegs nur eine kahle, leblose Schlucht. Jede der vier Klimazonen, die man bei einer Wanderung hinab in den Canyon passiert, beeindruckt durch ihre eigene, vielfältige Tier- und Pflanzenwelt. Im Bild die farbenprächtige Vegetation am Bright Angel Trail.

Am Bright Angel Trail: schattenspendender Cottonwood Tree, eine Pappelart, …

von Weißen und werden zweifellos auch die letzte gewesen sein –, die diese allen Nutzens bare Gegend besuchte. Es scheint in der Absicht der Natur zu liegen, daß der Colorado zusammen mit dem größten Teil dieser einsamen und majestätischen Landschaft auf ewig unbesucht und ungestört bleibt.» Schön gesagt und gedacht. Seither haben über 100 Millionen Menschen den Grand Canyon besucht …

Das Innere der großen Schlucht erforschten erst 1869 der damals 35 Jahre alte Major John Wesley Powell, der im Bürgerkrieg einen Arm verloren hatte, und seine neun Begleiter mit ihrer legendären, entbehrungs- und verlustreichen Befahrung des Colorado durch den Grand Canyon. Vier einfache Holzboote wurden am 24. Mai 1869 in Green River Station in Wyoming, einem mit der Eisenbahn erreichbaren Ort am Green River, dem größten Nebenfluß des Colorado, zu Wasser gelassen. Nur noch zwei Boote und sechs halbverhungerte Männer kamen am 29. August an ihrem Ziel an. 800 Flußkilometer lagen hinter ihnen. Ein Teilnehmer gab bereits nach sechs Wochen, noch auf dem Green River, auf. Drei weitere, die sich nicht länger den Strapazen der Stromschnellen aussetzen mochten, trennten sich am 28. August von der Expedition – einen Tag bevor die beiden übriggebliebenen Boote ruhiges Wasser erreichten; sie wurden von Indianern getötet, weil sie irrtümlich für die Schuldigen eines von anderen Weißen begangenen Verbrechens gehalten wurden.

Die Abenteuer, die er und seine Leute durchstehen mußten, die Strapazen, den Hunger und die Angst vor der nächsten Stromschnelle, all das hat Major Powell in seinem lesenswerten Tagebuch «Exploration of the Colorado River of the West and Its Tributaries» beschrieben (Auszug siehe Seite 37).

Colorado River – der Strom in der Wüste

Grand Canyon und Colorado River sind untrennbar miteinander verbunden. Zeit also, etwas mehr über diesen Fluß zu erfahren. Zusammen mit seinen größeren Nebenflüssen (Green River, San Juan, Dolores, Little Colorado, Gunnison und Virgin River) sowie rund hundert weiteren mittleren und kleinen Flüssen (etwa Paria, Escalante und Dirty Devil River), von denen manche nur periodisch Wasser führen, bildet der Colorado eines der größten Flußsysteme Nordamerikas. Er entwässert ein Gebiet von 632 000 Quadratkilometern (das ist ein Zwölftel der USA und fast das Doppelte der Bundesrepublik Deutschland), das sieben US-Bundes-

... und ein in prachtvoller Blüte stehender Smoke Tree (Psorothamnus spinosus), der zur Familie der Hülsenfrüchtler gehört.

staaten ganz oder teilweise einschließt: Arizona, Kalifornien, Colorado, Neu Mexiko, Nevada, Utah und Wyoming.

Von seiner Quelle in den Rocky Mountains in 3148 Metern Höhe führt den Colorado ein 2335 Kilometer langer Weg bis zum Golf von Kalifornien, rund 1600 Kilometer davon durch 19 mehr oder weniger tiefe Canyons, wie den Cataract Canyon, den Westwater Canyon, den Glen Canyon (den heutigen Lake Powell), den Marble Canyon und nicht zuletzt den Grand Canyon, bis er in den Lake Mead eintritt. Auf diesem Weg wandelt er sich vom kristallklaren Gebirgsfluß zu einem (früher mit rotbraunen Sedimenten beladenen) streckenweise reißenden und tosenden Strom und schließlich, vor seiner Mündung in den Golf, in ein trübes, salziges Rinnsal. Vor dem Bau des Glen Canyon Dam führte der Colorado bis 8 500 000 Liter Wasser pro Sekunde und erreichte Geschwindigkeiten von bis zu 20 Stundenkilometern. Diese Zahlen zeigen, daß er zu den großen Flüssen der Welt gehört.

Unbestrittener «Weltmeister» war der Colorado – bis zum Bau des Glen Canyon Dam – im Materialtransport. Am 13. September 1927 beförderte er innerhalb von 24 Stunden 27 Millionen Tonnen Schlamm, eine Menge, für deren Transport 2,7 Millionen Lastwagen mit je zehn Tonnen Nutzlast nötig gewesen wären. Nicht eingerechnet ist dabei das Geröll, das der entfesselte Fluß an diesem Tag auf seinem Bett vorwärtsbewegte. Seine Menge ist nicht meßbar, geschätzt wird, daß es noch einmal soviel war.

Verblüffend ist auf den ersten Blick, daß das gesamte Gebiet des Colorado und seiner Nebenflüsse Wüste ist (oder war), eine Wüste, die früher «Great American Desert» genannt wurde. Ein riesiges, weitverzweigtes Flußsystem in einer Wüste! Das erscheint paradox. Aber wenn man weiß, daß diese Wüste eine Steinwüste ist, in die sich die Flüsse aufgrund der über Jahrmillionen andauernden Anhebung des Colorado-Plateaus und seiner Randgebiete tief eingeschnitten haben und somit, anders als etwa der Nil, nicht in der Lage waren, die Uferbereiche zu bewässern, und wenn man sich vergegenwärtigt, daß der Colorado und seine Nebenflüsse ihr Wasser den schneereichen Rocky Mountains und den Gewitterregen in diesen Bergen verdanken, ist dieser scheinbare Widerspruch erklärt.

Die Rocky Mountains der wichtigste Wasserspender des Colorado! Damit ist auch der unstete Verlauf seiner Wasserführung verständlich: spärlich im Winter, anschwellend zur Zeit der Schneeschmelze und wieder etwas geruhsamer im Herbst.

Zähmung eines Flusses

Der Wasserreichtum des Colorado und sein Gefälle zum einen, das trockene Wüstenland, durch das er fließt, zum anderen, führten schon bald zu Überlegungen, wie aus seiner Wasserkraft Nutzen für die Menschen gezogen werden könnte.

Begonnen wurde mit der Nutzung des Colorado bereits um die Jahrhundertwende. Damals stellten Landvermesser fest, daß das Imperial Valley im südlichen Kalifornien 72 Meter unter dem Meeresspiegel liegt. Wasser des Colorado zur Bewässerung durch einen Kanal in diese Senke zu leiten, war nicht besonders aufwendig. Mit dem Bau dieses Kanals wurde 1901 angefangen, und bereits zwei Jahre später konnte man damit beginnen, das neu bewässerte Land zu bebauen.

Kurz darauf aber, 1905, wurden bei einem Hochwasser des Colorado die Einlaßschleusen des Kanals zerstört, der Fluß ergoß sich in das Kanalbett und überschwemmte das Imperial Valley. Er bildete einen ständig größer werdenden See, der auch die neu gebaute Southern Pacific Railroad überschwemmte, zum verständlichen Verdruß der Eisenbahner. In nur 15 Tagen dichteten sie mit hunderten von Güterzugladungen den Durchbruch des Colorado ab und drängten so den Fluß in sein altes Bett zurück. Zurück blieb der 56 Kilometer lange Salton See zwischen dem Imperial und dem Coachella Valley, der salzhaltiger ist als der Pazifik.

Dieser noch etwas unbeholfen wirkenden Aktion folgte ab 1922 die professionelle «Zähmung». Damals schlossen die oben erwähnten sieben Anliegerstaaten des Colorado River den Colorado River Compact, den ersten Vertrag in der Geschichte, der die Mehrfachnutzung eines Flußsystems beinhaltete: zur Bewässerung, Überflutungskontrolle, Energieerzeugung und für den Tourismus. Das bis heute Erreichte kann sich sehen lassen: Insgesamt neun Dämme regulieren den Lauf des Colorado und seiner Nebenflüsse, sorgen für die Verteilung des Wassers und die Energiegewinnung. Der Colorado ist zu dem am intensivsten genutzten Fluß der Welt geworden.

Statt der früheren, geradezu dramatischen Vereinigung mit dem Golf von Kalifornien, wie sie 1858 Joseph C. Ives beschrieben hat («Die breite Fläche des Flusses um uns herum kochte auf und schäumte wie Wasser in einem Kessel. Und dann, nach einem kurzen Augenblick, kam das Ganze zurück – mit dem Donner eines Katarakts»), rinnt heute nur noch eine schwarzbraune Salzbrühe in den Golf – kein Colorado-Wasser mehr, nur noch Abwasser. Der Colorado ist gezähmt, der frühere Bronco, das ungestüme Wildpferd, ist heute ein müder Ackergaul. Aber nach Schätzungen ist sein Nutzen für Landwirtschaft, Energieerzeugung und Erholung mit mehr als einer Milliarde Dollar pro Jahr zu veranschlagen.

Nur ihm ist zu verdanken, daß in ehemaligen Wüstengebieten Kaliforniens und Arizonas heute bis zu drei Ernten im Jahr möglich sind, Orangen, Aprikosen, Erdbeeren, Pfirsiche und Mandeln im Überfluß gedeihen und darüber hinaus die großen Stauseen Lake Powell, Lake Mead und Lake Havasu Millionen von Urlaubern beste Wassersportmöglichkeiten bieten.

Die Nutzung der Wasserkraft

Der erste Schritt zur Nutzung des Colorado im großen Maßstab wurde mit dem Boulder Canyon Project Act getan. Durch dieses Gesetz wurde 1928 der Bau des Boulder Dam beschlossen. Dieser Damm, zwischen 1930 und 1936 errichtet und ein Meisterwerk amerikanischer Ingenieurkunst, ist mit einer Höhe von 221 Metern noch heute einer der höchsten Dämme der Welt. Zu Ehren eines früheren Präsidenten der USA, Herbert C. Hoover, wurde der Damm im Jahr 1947 in Hoover Dam umbenannt. Der durch ihn entstandene Lake Mead hat eine Fläche von 593 Quadratkilometern und ein Fassungsvermögen von 38,5 Milliarden Kubikmetern und ist damit der größte Stausee der USA. Mit seiner Fläche erreicht er aber nach der des Lake Powell (660 Quadratkilometer) nur den (wenn auch knappen) zweiten Platz.

Kein Stausee der Welt hat ewig Bestand, nicht so sehr, weil der Beton seiner Dämme mit der Zeit zerbröselt oder diese durch unzureichende Verankerung im angrenzenden Fels bei Hochwasser weggeschwemmt werden können, wie es schon vorgekommen ist. Nein, die vorrangige Ursache für die begrenzte Lebenszeit jedes Stausees sind die Sedimente, die Feststoffpartikel, die durch die aufgestauten Flüsse hineingetragen werden.

Daß dieses den Colorado ganz besonders betrifft, davon war schon die Rede. Rund 400000 Tonnen Sedimente befördert er täglich und vermutlich eine ähnlich große Menge als Geröll auf dem Flußbett. Bei dieser Materialzufuhr wären die 38,5 Milliarden Kubikmeter Wasser des Lake Mead in nur 330 Jahren verdrängt, der See würde «voll» sein. Diese Rechnung ist allerdings zu pessimistisch, denn die Menge des Gerölls ist nicht meßbar, außerdem fließen bis zu 20 Prozent der Schwebstoffe durch die Turbinen am Fuß des Damms und verlassen auf diese Weise den Stausee wieder. Optimistischer geschätzt könnte die Lebensdauer des Lake Mead also auch 500 Jahre betragen.

Aber er wird noch wesentlich länger bestehen: 1956 begann man oberhalb des Hoover Dam, wenige Kilo-

Die bizarren Felsformationen des Canyon sind ein Produkt der Erosion, an der die unterschiedlichsten Kräfte beteiligt sind: das Wachstum von Flechten und anderen Pflanzen, Regengüsse und Stürme, extreme Temperaturschwankungen und die Sprengkraft von Wasser und Eis. Blick von Mather Point am South Rim.

Tiere und Pflanzen der großen Schlucht: blühendes Exemplar der Prickly Pear, der Opuntie, einer in den USA weit verbreiteten Kakteenart (oben). – Rabenvögel bevölkern auch die einsamsten Teile des Canyon (Mitte). – Die Narrowleaved Popcorn Flower (Cryptantha angustifolia) aus der Familie der Borretsch-Gewächse (unten).

meter nördlich von Lee's Ferry, mit dem Bau des Glen Canyon Dam, der, sieben Jahre später fertiggestellt, den nach dem Erforscher des Colorado benannten Lake Powell aufstaut. Dieser See ist jetzt das Auffangbecken des vom Colorado transportierten Materials. Von den oben genannten 400000 Tonnen Schlamm im Jahr nimmt er den Großteil (320000 Tonnen) auf, außerdem sämtliches Geröll. Was heute noch in den Lake Mead geschoben wird, ist nur noch «neues» Geröll aus dem Grand Canyon und dessen Seitencanyons.

Der Lake Mead wird, seit es den Glen Canyon Dam gibt, mindestens fünfmal länger bestehen können als oben geschätzt. Doch dafür wird es den Lake Powell nur 500 bis 1000 Jahre geben. Dieser ‹Tausch›, der mit der Opferung des Glen Canyon verbunden war (davon später mehr), ist für viele Naturschützer unverständlich und unverzeihlich.

Aber auch manche Wasserwirtschaftsexperten sehen in dem Lake Powell einen Fehler, weil in dem trokkenen Wüstengebiet, durch das der Colorado fließt, mit einer jährlichen Niederschlagsmenge von nur 200 Millimetern und einer mehr als zehnfachen Verdunstungsrate Stauseen sehr problematisch sind. 2,5 Kubikkilometer Wasser gehen durch die Verdunstung der Stauseen jährlich verloren, eine Menge, die beim Abschluß des Nutzungsvertrags im Jahr 1922 nicht bedacht worden war.

In den Augen der Naturschützer hat dieser erst spät entdeckte Fehler aber auch etwas Gutes: Weitere Staudämme verbieten sich von selbst, ihr möglicher Nutzen würde durch die zusätzliche Verdunstung aufgehoben. So wird auch der irrwitzige Plan, den Fluß mit dem Bridge Canyon Dam erneut zu stauen und somit den Grand Canyon zu überfluten, für immer in den Schubladen der Planer bleiben.

Ein Naturwunder wird überflutet

«Nation's playground», «a great place of fun», tiefblaues Wasser, 3140 Kilometer Uferlänge (doppelt so viel wie die Westküste der USA ohne Alaska), ein Naturwunder gar: Das ist der Lake Powell für die einen; ein unverzeihliches Vergehen an der Natur an einer ihrer schönsten Stellen und das kurzlebige Ergebnis einer unüberlegten Zerstörungstat ist er für die anderen.

Die Vorgeschichte: Nachdem 1948, also erst 26 Jahre nach der Verabschiedung des Colorado River Compact, auch die nördlichen Anrainerstaaten dem Verteilungsplan zugestimmt hatten, legte 1953 das Bureau of Reclamation, die für Dammbauten zuständige Abteilung des Innenministeriums, eine Liste weiterer Dammprojekte im Colorado-Becken vor, alle im «oberen» Becken gelegen. Dazu gehört ein Damm im Glen Canyon und einer

Ein gestreiftes Backenhörnchen, einer der scheuen, possierlichen Kleinnager, die im Grand Canyon beheimatet sind (oben). – Die Sonnenblumenart Brittlebush (Encelia farinosa; Mitte). – Der Maultierhirsch (unten), nach seinen großen Ohren so genannt, ist ein geschickter Kletterer im Fels, ähnlich der Gemse. Die so harmlos aussehenden Tiere verteidigen sich mit ihren scharfen Hufen, wenn sie sich bedroht fühlen.

im Echo Park am Green River, innerhalb des heutigen Dinosaur National Monument. Das Echo-Park-Projekt wurde am meisten angegriffen und daher von der Liste genommen, dafür aber der Flaming Gorge Dam in Utah hinzugefügt. Im heftigen Streit um den Echo Park Dam aber wurde der Glen Canyon sozusagen vergessen und so kam es dann, daß 1956 sowohl der Bau des Flaming Gorge Dam als auch der des Glen Canyon Dam verwirklicht wurde.

Kritik am Bau des Flaming Gorge Dam wurde nie laut, um so mehr aber am Bau des Glen Canyon Dam. Warum? Der Glen Canyon ist mit 320 Kilometern nach dem Grand Canyon nicht nur der längste, er war, wie Kenner sagen, auch der weitaus schönste unter den zahlreichen Canyons des Colorado. Die Tatsache allerdings, daß er auf dem Land- und Wasserweg nur mit großer Mühe erreichbar war, verschaffte ihm, nachdem der Beschluß gefaßt war, ihn durch den Dammbau zu ertränken, auch gleichzeitig die Bezeichnung «the place no one knew»: der Ort, den niemand kannte. Es ist wahr, nur wenige ausdauernde Wanderer, Reiter und Bootfahrer haben den Glen Canyon in seiner ursprünglichen Schönheit gesehen und mit ihren Fotografien einen Abglanz heute verschwundener Herrlichkeiten überliefert.

Wer den Glen Canyon erlebt hatte, schwärmte in den höchsten Tönen. Schon John Wesley Powell, der erste Befahrer des Colorado durch den Glen Canyon und den Grand Canyon, ein nach seinen Leistungen zu urteilen, ausgesprochen harter Bursche, fand Worte höchster Bewunderung: «Eine wundersame Versammlung herrlicher Erscheinungen, geschliffene Wände, königliche Bögen, Klammen, Schluchten, Wälle und Monumente. Wir beschließen, diesen Canyon Glen [Klamm] Canyon zu nennen.» Und an anderer Stelle: «[Wir finden ...] eine riesige, in den Felsen gewaschene Hohle. Am oberen Ende befindet sich ein klarer, tiefer, von grünen Pflanzen gesäumter Teich. Die Höhle ist über 60 Meter hoch, 150 Meter lang und 60 Meter breit. In der Decke führt ein schmales gewundenes Oberlicht durch mehrere hundert Meter Felsen empor. Hier schlagen wir unser Lager auf. Mein Bruder singt uns ein Abendlied, und wir hören verzückt, wie sich die Höhle im Fels mit süßen Tönen erfüllt. Gewiß wurde sie von ihrem sturmgeborenen Architekten als Musikakademie geschaffen; aus diesem Grund nennen wir sie ‹Music Temple›.» Es fragt sich, ob John Wesley Powell es gebilligt haben würde, daß der Stausee, der Orte von solchem Zauber ertränkte, nach ihm benannt wurde.

«Music Temple», «Cathedral in the Desert» und viele andere Orte von schwer zu beschreibender Schönheit, mit glattpolierten hohen, gewölbten Wänden, verziert mit Wüstenlackstreifen (Wüstenlack wird die lackartig

Die Wanderung auf dem South Kaibab Trail führt durch urweltliche Landschaft in die Vergangenheit der Erde.

glänzende Kruste auf dem Sandstein genannt, die durch die Verdunstung von eisen- und manganhaltigen Mineralien entsteht, die vom Regenwasser an die Oberfläche befördert werden) und «hanging gardens» (von Sickerwasser genährte Hängepflanzen), schattenkühle Plätze, deren Stille nur gelegentlich von schwirrenden Vögeln unterbrochen wurde – sie sind unwiederbringlich verloren, zuerst von Wasser bedeckt, inzwischen unter Geröll und Schlamm begraben. Das heißt, würde man heute den Glen Canyon Dam sprengen («crack the dam» lautet die vehemente Forderung besonders hitzköpfiger Gegner des Damms mit dem Ziel, das aufgestaute Wasser ablaufen zu lassen), würde die dann auftauchende Landschaft diese «Rettungsmaßnahme» nicht lohnen. Die Felswände wären hellgrau gebleicht, da das Wasser in den wenigen Jahren bereits die farbgebenden Eisen- und Manganmineralien herausgelöst hat, die dann wieder trockenen Canyonböden wären eine einzige Geröll- und Staubwüste. Ob dann die wieder ungezügelten Hochwasser des Colorado den Canyonboden freispülen und die Felsen mit der Zeit ihre ursprüngliche Farbe wiedergewinnen könnten, ist nicht vorherzusagen. Doch das alles ist nur graue Theorie, denn in der Praxis fehlen sowohl die Pläne als auch die Möglichkeiten zur Realisierung einer Dammsprengung.

Wenn schon der Glen Canyon unwiederbringlich verloren ist, dann hoffen die Besucher des Lake Powell, daß der See sich bald wieder so weit füllt, wie es geplant war. Denn gegenwärtig (1992) ist sein Spiegel um 25 Meter gesunken, an seinen Ufern sind unansehnliche «Badewannenränder» entstanden. Die ständige Zufuhr von Schlamm und Gestein unterstützt zwar die Anhebung des Wasserspiegels, führt aber gleichzeitig zum Ende des Lake Powell, irgendwann in 400 bis 1000 Jahren. Schon viel früher wird es auf dem See zunehmende Beschränkungen für den Bootssport geben. Neue Untiefen werden entstehen, die Fahrten in Seitenarme des Sees, die heute den Teilnehmern der Seerundfahrten viel Spaß machen, nicht mehr möglich sein. Auch die Einfahrt in den Forbidden Canyon, heute der Zugang zur Rainbow Bridge, könnte dann blockiert sein.

Doch heute ist der Lake Powell noch ein Platz ungetrübten Vergnügens für Millionen von Urlaubern, was der Glen Canyon nie hätte werden können. Wüstenklima, blauer Himmel, ideales Badewetter (im Hochsommer von dramatischen Gewittern unterbrochen, deren Entstehung durch die starke Verdunstung des Wassers begünstigt wird), beeindruckende Felskulissen, tiefblaues warmes Wasser und hervorragende Wassersportmöglichkeiten – was will man mehr? Glen Canyon ade, Lake Powell: viel Vergnügen!

Flora und Fauna

Angesichts der vom Rand als nackte Steinwüste sich darbietenden Landschaft des Grand Canyon könnte man bezweifeln, daß es hier überhaupt Lebewesen gibt. Doch der Anblick täuscht: Hier existieren an die 1000 Pflanzenarten, 75 Säugetier- und 230 Vogelarten, 43 Vertreter der Amphibien und Reptilien und 16 Fischarten.

Den Fischen hat der Bau des Glen Canyon Dam am meisten zugesetzt. War das Wasser des Colorado vorher schlammig und den Jahreszeiten entsprechend unterschiedlich warm, so ist es heute viel klarer und das ganze Jahr über eiskalt, da es vom Grund des Sees abgeleitet wird; seine Temperatur beträgt nur zehn Grad Celsius. Forellen können darin leben, andere Fische wurden vertrieben.

Auf die Tier- und Pflanzenwelt im Grand Canyon blieb der Dammbau dagegen ohne Einfluß. Nach wie vor werden am Canyongrund im Sommer bis fast 50 Grad Celsius gemessen; an den Canyonrändern fällt die Temperatur im Winter unter null Grad, am South Rim meist nur für wenige Tage, am rund 400 Meter höher gelegenen North Rim aber über längere Zeiträume. Dort liegt im Winter lange Zeit meterhoch Schnee.

C. Hart Merriam, Direktor im US-Landwirtschaftsministerium, definierte um 1890 sieben Klima- oder Lebenszonen für den nordamerikanischen Kontinent: die tropische, die subtropisch-heiße untere sonorische, die obere sonorische, die Übergangs-, die kanadische, die hudsonische und die arktisch-alpine Zone. Vier dieser Zonen, von der unteren sonorischen Zone am Canyongrund bis zur kanadischen am Kaibab-Plateau, passiert der Wanderer, wenn er von der Phantom Ranch zum North Rim aufsteigt, auf einem Weg von rund 22 Kilometern mit einer Höhendifferenz von 1750 Metern. Auf solch kurzem Weg werden demnach die gleichen Klimazonen durchschritten wie auf einer 2800 Kilometer langen Wanderung von Baja California in Mexiko bis nach British Columbia in Kanada.

Vier Klimazonen im Grand Canyon! Kein Wunder also, daß die Artenvielfalt der Tiere und Pflanzen so groß ist. In der unteren sonorischen Zone, die vom Canyongrund (bei der Kaibab-Hängebrücke 760 Meter über dem Meer) an den Südhängen bis 1500 Meter und an den Nordhängen bis 1200 Meter über den Meeresspiegel reicht, sind die Lebensbedingungen am härtesten. Pflanzen und Tiere, die hier überleben wollen, müssen sehr genügsam, zäh und entweder sehr unscheinbar bzw. schnell sein oder ihren Feinden gegenüber sehr abschreckend wirken. Typisch für diese Klimazone ist ein bis zu vier Meter hoher Busch, Catclaw

Oben links, oben rechts und unten: Schnee und eisige Winterkälte beherrschen bereits die Randzonen der Schlucht, während die unteren Regionen des Canyon von der Wärme ihrer milderen Klimazonen geprägt sind. Unwirklich und geheimnisvoll wirkt die Schlucht mit den aufsteigenden Nebeln und ihren zarten Farben im blassen Winterlicht. Blick vom Südrand.

SLICKROCK CANYONS

Geheimnisvolle Welten im Fels

Der Colorado und seine Nebenflüsse haben viele Naturwunder geschaffen. Der Colorado selbst schuf den Grand Canyon, den inzwischen überfluteten Glen Canyon sowie weiter stromaufwärts zusammen mit dem Green River die eindrucksvollen Landschaften des Canyonlands National Park. Kleinere Nebenflüsse formten den Escalante Canyon, den Paria Canyon, die Rainbow Bridge (siehe Seite 62) und den Havasu Canyon (siehe Seite 59).

Jedes dieser Naturwunder ist für sich einmalig, einzigartig und doch in der einen oder anderen Hinsicht mit anderen Naturdenkmälern der Erde vergleichbar. Die kleinsten, unscheinbarsten Nebenflüsse des Colorado aber, die nur auf sehr detaillierten Karten überhaupt verzeichnet sind, haben zuweilen etwas geschaffen, wofür es außerhalb des Colorado-Plateaus kein anderes Beispiel gibt: die Slickrock Canyons, enge versteckte Canyons voller Wunder und Geheimnisse.

Sandsteinformationen im Antelope Canyon.

«Slickrock» bedeutet glatter Fels, ein Slickrock Canyon ist demnach eine glattwandige Schlucht oder Klamm. Doch der Begriff Klamm ist irreführend. Die Slickrock Canyons im Colorado-Plateau haben nichts mit zum Beispiel den Klammen der Alpen gemeinsam. Letztere sind feucht, vom Tosen des Wassers erfüllt, meist mit Stegen und Treppen erschlossen und auf jeder besseren Karte eingezeichnet. Slickrock Canyons dagegen

Klettern inbegriffen: im Antelope Canyon.

sind staubtrocken, totenstill und zudem nicht ungefährlich: Klapperschlangen und vor allem plötzliche Flutwellen nach Gewitterregen bedrohen den Wanderer. Und sie sind, oder waren es zumindest bis vor kurzem, «geheim». Die Ersten, die diese Canyons entdeckten – vor etwa 20 Jahren – versuchten nämlich angestrengt, deren Lage geheimzuhalten.

Was aber sind denn nun diese Slickrock Canyons, die noch heute in keinem Reiseführer erwähnt sind? Sie zu beschreiben ist schwierig, ja fast unmöglich. Wie soll man von diffusem, von indirektem Licht beleuchtete Höhlen im Sandstein beschreiben – als Kathedralen in Stein? Die eleganten, weichen Wellen der Wände als strömenden Fels? An Klauen und Gewinde erinnernde Labyrinthe – gibt es dazu Vergleichbares? Dazu kommt: Das menschliche Auge kann diese Formenwelten nur unvollkommen wahrnehmen, dafür ist es in den Slickrock Canyons oftmals zu dunkel. Die wirkliche Schönheit der Formen und Farben, von Hellgelb, Orange, Rot, Blau bis Schwarz, wird erst auf den Bildern sichtbar, die Fotografen mit langen Belichtungszeiten vom Stativ aus machen. So sind Slickrock Canyons vor allem ein Eldorado für engagierte Fotografen, für die hier ein bereits durchlöchertes Geheimnis vollends gelüftet werden soll, nämlich die genaue Lage des schönsten unter ihnen, des Antelope Canyon.

Einen ersten Hinweis gibt der auf guten Karten südöstlich von Page, Arizona, verzeichnete Antelope Creek. Dieser nur nach starken Regenfällen existierende Bach, der dann jedoch gefährlich ist, fließt nach Norden und mündet in der Nähe von Antelope Island in den Lake Powell. Ausgangspunkt für Besuche des von ihm geschaffenen Antelope Canyon ist die zweite Brücke des Highway 89 von Page nach Kaibito, kurz vor dem weithin sichtbaren Kraftwerk mit seinen riesigen blitzenden Schornsteinen. Von hier führt eine rund sechs Kilometer lange Piste – streckenweise durch tiefen Sand – in südlicher Richtung zu einer etwa zwölf Meter hohen, gespaltenen versteinerten Düne. In diesen oberen Abschnitt des Antelope Canyon, der auch Corkscrew Canyon oder The Crack genannt wird, kann man

Gefährlich, aber scheu: die Klapperschlange.

hineinschlendern und die 60 Meter bis zum Ausgang an der anderen Seite der Düne mühelos zurücklegen. Der mittlere Abschnitt ist ebenso einfach zu besuchen, er liegt direkt unter der oben erwähnten Brücke. Wenn man erst einmal bis hierher gekommen ist, ist es auch kein Problem, zum unteren Abschnitt zu gelangen. Man braucht nur dem Bett des Antelope Creek nach Norden zu folgen, bis sich nach rund 500 Metern ein schmaler Schlitz im Sandstein auftut. Auch wenn es auf den ersten Blick nicht zu glauben ist, geht es da hinein in eine gewundene Wunderwelt, die völlig andere Eindrücke vermittelt als die beiden ersten Abschnitte des Canyon. Hier muß man sich allerdings über fünf bis zehn Meter hohe steile Stufen abseilen und durch hüfttiefe Tümpel waten. Meist halten sich an dieser Stelle jedoch Navajos auf, die gegen ein Trinkgeld mit Leitern und Seilen helfen. Was nach einiger Mühsal klingt, lohnt sich, und wie!

Helmut Friedrich

«Slickrock», glatter Fels, im Antelope Canyon: Die unwegsamen und schwer zu findenden Slickrock Canyons, wahre im Fels verborgene Naturwunder, belohnen den Besucher durch unvergleichliche Eindrücke: fast unwirkliche Farben und Felsformationen im diffusen Licht eines bizarren, unterirdischen Labyrinths, ausgewaschen in Jahrtausenden von sedimentführenden Wassermassen.

(«Katzenkralle») genannt, der mit scharfen gekrümmten Dornen ausgestattet ist. Bevorzugt hier, aber auch in der nächsthöheren Zone lebt die Canyon-Fledermaus, die so klein ist, daß sie für einen Nachtfalter gehalten werden könnte, einen sehr schnellen allerdings. Andere Bewohner der unteren sonorischen Zone sind die Halsbandleguane, die bis zu 30 Zentimeter lang werden. Die Männchen sind leuchtendgelb bis leuchtendgrün, während man bei den Weibchen alle Schattierungen von grau bis leuchtendorange findet. Ihren Namen haben die Tiere von den hellen und dunklen Streifen um ihren Hals. Diese Leguane brauchen sich offenbar nicht zu verstecken, wahrscheinlich wirken ihre leuchtenden Farben abschreckend. Auch mit Skorpionen und Klapperschlangen muß in dieser Region gerechnet werden.

In der darüberliegenden oberen sonorischen Zone, die an den Südhängen bis 2100 Meter, an den Nordhängen bis 1800 Meter über den Meeresspiegel reicht, ist der Angelhakenkaktus typisch, eine gelbblühende Pflanze, die wie eine mit Angelhaken bestückte kleine Kugel aussieht. Kennzeichnend für diesen Lebensbereich sind auch der Utah-Wacholder und die Pinyon-Kiefer, die den sogenannten Zwergwald bilden. In dieser Zone tauchen auch die ersten Säugetiere auf: das Felsen-Eichhörnchen und der Graufuchs.

Größere Säugetiere wie Puma, Luchs, Wapiti-Hirsch, Maultierhirsch und Dickhornschaf kümmern sich wenig um die Klimazonen von C. Hart Merriam, sie durchstreifen sie frei. Einmal wurde ein Maultierhirsch beobachtet, der an einem Tag vom Canyonrand bis zum Fluß hinabstieg und diesen durchschwamm. Dann verlor sich seine Spur. Ist er auf der gegenüberliegenden Seite wieder emporgeklettert? Dies ist sehr wahrscheinlich, denn unten im Canyongrund halten es weder Menschen noch größere Tiere lange aus.

Eine Besonderheit unter den Säugetieren der großen Schlucht sind die Burros, verwilderte Nachkommen der Esel, die einst die im Canyon abgebauten Erze transportierten und die, nachdem der Bergbau eingestellt wurde, in die Wildnis gejagt wurden. Ihr Lebensraum reicht vom Canyonrand bis zum Fluß, aber sie nehmen den einheimischen Tieren die Nahrung weg und stören so das Gleichgewicht der Natur. Daher wurden immer wieder Versuche unternommen, die Burros aus dem Grand Canyon zu «entfernen», wie das beschönigend ausgedrückt wird. Heute werden sie jedoch meist eingefangen und in eine neue Heimat gebracht.

Zurück zu den Klimazonen. Auf die obere sonorische Zone folgt die Übergangszone, sie reicht an der Nordseite des Grand Canyon bis in eine Höhe von 2500 Metern. Typisch sind hier die Ponderosa- oder Gelbkiefer, das Goldmantel-Hörnchen sowie das Abert- und das Kaibab-Hörnchen. Letztere sind für die Biologen besonders interessant. Das Abert-Hörnchen lebt nur am South Rim, das Kaibab-Hörnchen nur am North Rim. Beide Eichhörnchenarten ernähren sich vorwiegend von den Zweigspitzen, der Rinde und den Samen der Gelbkiefer, sind also an deren Vorkommen «gebunden», wie es die Biologen nennen. Sie haben den gleichen Körperbau, die gleiche Größe und gleiche Gewohnheiten, beide haben einen dunkelgrauen Rücken mit einem braunen Streifen. Dann aber beginnen die Unterschiede: Das Abert-Hörnchen hat einen weißen Bauch und einen grauen Schwanz, das Kaibab-Hörnchen einen schwarzen Bauch und einen weißen Schwanz. Es sieht ganz danach aus, als hätte sich hier eine Tierart, die es schon vor der Entstehung des Grand Canyon gab, zu verschiedenen Unterarten entwickelt, als die große Schlucht zu einer Trennung in zwei Gruppen führte und vor allem auf Grund der klimatologischen Barriere keinen Austausch mehr zuließ. Aber warum so wie beschrieben? Darauf gibt es bis heute keine Antwort.

Eine sich anbietende Erklärung, der weiße Schwanz des Kaibab-Hörnchens sei das Ergebnis einer Anpassung an den Schnee, der von November bis Mai am North Rim liegt, geht fehl. Der dunkelgraue Körper des Tieres bietet im Schnee keine Tarnung und es legt, wenn es Gefahr wittert, seinen Schwanz nicht zur Deckung über den Rücken. Auch bleibt der Schwanz das ganze Jahr über weiß, hat in der schneefreien Zeit also eher eine Signal-, keinesfalls aber eine Tarnfunktion.

An die Übergangszone schließt am Nordrand des Canyon die kanadische Zone an, die etwa in 2500 Meter Höhe über dem Meeresspiegel beginnt. Hier wachsen vor allem die Stechfichte, die Colorado-Tanne und die Douglas-Tanne, alles Bäume, die es kühl und feucht lieben. Die Douglas-Tanne findet sich übrigens vereinzelt auch am South Rim (obwohl dieser unterhalb der kanadischen Zone liegt), dort aber nur an schattigen, kühlen Plätzen, die ausreichend Oberflächenwasser erhalten, Plätzen also, deren «Ortsklima» dem der kanadischen Zone gleicht. Ein gutes Beispiel dafür, daß die Klimazonen im Grand Canyon nicht mit dem Lineal aufgeteilt werden können.

Im Bereich des North Rim fällt vor allem im Herbst auch die amerikanische Espe mit ihren zu dieser Jahreszeit in vielen Gelb- und Brauntönen leuchtenden und im Luftzug zitternden Blättern auf – ein unvergeßlicher Anblick. Ein dort sehr häufiges Tier ist der Maultierhirsch; am späten Nachmittag kommen ganze Rudel aus den Wäldern zum Äsen auf die Wiesen und springen dabei unbekümmert über die Straßen, so daß beim Fahren höchste Vorsicht geboten ist.

Der South Kaibab Trail. Einst führten an die 40 Pfade in den Canyon hinab. Sie wurden von Indianern, Goldsuchern oder den Minenbesitzern angelegt, doch sind die meisten von ihnen heute aufgegeben und unpassierbar. Nur der Bright Angel Trail und der Kaibab Trail werden von der Verwaltung des National Parks unterhalten.

Die Ausmaße und die Großartigkeit des Canyon lassen sich am besten auf einer beschaulichen Reise in die Tiefe erleben – auf dem Rücken eines Maultiers ...

Saurier im Grand Canyon?

Die oben beschriebene unterschiedliche Entwicklung der Eichhörnchen beidseits der großen Schlucht ließ die Frage aufkommen, ob es auch auf den Plattformen der Tafelberge, die isoliert aus dem Grand Canyon aufragen, derartige eigenständige Entwicklungen geben könnte. 1937 wurde unter der Leitung von Harold Anthony, Kurator am American Museum of Natural History, eine Expedition auf den Shiva Temple geplant, einen hohen, bewaldeten Tafelberg, der vor ungefähr 20000 Jahren durch Erosion vom North Rim abgetrennt wurde. Kaum war das Vorhaben bekannt, wurde in den Zeitungen darüber spekuliert, ob «dort oben» noch Dinosaurier leben könnten. Anthony aber hatte von Anfang an nichts anderes erhofft, als geringfügige Mutationen bekannter Arten zu finden, vielleicht eine weitere Hörnchenart.

Da der Tafelberg zunächst für unbesteigbar gehalten wurde, wurde zunächst eine Landung mit dem Hubschrauber diskutiert, diese Idee wegen der zu erwartenden gefährlichen Luftströmungen jedoch wieder verworfen, aus dem gleichen Grund auch Fallschirmabsprünge. Erst als schließlich beschlossen wurde, den Berg zu besteigen, stellte sich heraus, daß der Gipfel verhältnismäßig leicht zu erklettern war. Die Expedition benötigte von einem leicht zugänglichen Felssattel am Fuß des Bergs für die letzten 400 Meter nur einen Vormittag. Das ließ natürlich bereits ahnen, daß hier nichts Neues zu finden sein würde, da die Voraussetzungen für eine Artenisolierung nicht vorlagen.

Dieser Verdacht bestätigte sich. Bei mehrtägiger gründlicher Spurensuche auf dem Plateau fand die Forschergruppe unter anderem ein abgeworfenes Maultierhirsch-Geweih, das aus dem Jahr der Expedition stammte, sowie frische Puma- und Coyotenspuren. Lebend gefangene Kleintiere wie Felsenratten und Backenhörnchen unterschieden sich nicht von ihren «Kollegen» auf dem North Rim.

Noch sind nicht alle Tafelberge im Canyon bestiegen, noch besteht Hoffnung, wenn auch in immer geringerem Maße, hier isolierte Lebensformen zu finden. Dinosaurier oder Drachen werden es aber bestimmt nicht sein.

Eine Wanderung in die Vergangenheit

Der Grand Canyon läßt sich auf sehr unterschiedliche Weise kennenlernen: zu Fuß, auf dem Rücken eines Maultiers, im Boot oder aus der Luft. Ein geruhsamer

... oder bei einer Fußwanderung, wie hier auf dem South Kaibab Trail. An den Felswänden im Hintergrund lassen sich die verschiedenfarbigen Gesteinsschichten unterscheiden: der weißleuchtende Toroweap-Kalkstein, darunter der dunklere Coconino-Sandstein, der rötliche Hermit-Schiefer und Supai-Sandstein, schließlich der graue Muav-Kalkstein, dessen Alter mit 515 Millionen Jahren angegeben wird.

Abstieg in den Canyon ist jedoch unbestreitbar die beste Möglichkeit, seine Klimazonen und Bewohner kennenzulernen. Zugleich ist dieser Weg ein Weg in die Erdgeschichte, ein Weg durch nahezu zwei Milliarden, das heißt 2000 Millionen Jahre.

Diese Vergangenheit läßt sich bereits am Canyonrand erkennen: Bereits mit seinen ersten Schritten betritt der Wanderer 225 Millionen Jahre altes Gestein – Ablagerungen eines Ozeans, von dem dieses Gebiet einst bedeckt war. Ein Ozean in 2000 Meter Höhe? Ehemaliger Meeresboden in dieser Höhe ist der geologische Beweis für die viele Millionen Jahre dauernde Hebung des Colorado-Plateaus, die erst vor zehn Millionen Jahren endete. Das ursprüngliche Tiefland wurde um 3000 Meter angehoben, davon wurden allerdings 1500 Meter in den letzten zehn Millionen Jahren bereits wieder abgetragen. So kamen 225 Millionen Jahre alte Meeressedimente auf Bergeshöhe.

Welch weiten Weg in die Vergangenheit der Erde der Wanderer zurücklegt, kann eine einfache Überlegung deutlich machen: Rund zwölf Kilometer lang ist der Weg vom South Rim bis zur Kaibab Suspension Bridge, einer Stelle, an der die Gesteine über zwei Milliarden Jahre alt sind – jeder einzelne Schritt überbrückt also etwa 100 000 Jahre Erdgeschichte!

Bis zu einer Höhe von rund 300 Metern über dem Fluß quert man auf dem Wanderweg eine Folge von zehn Sedimentschichten, von denen die ältesten aus dem Kambrium stammen und damit bis zu 550 Millionen Jahre alt sind. Hierbei handelt es sich nicht nur um Meeresablagerungen, sondern es finden sich auch Schichten aus Dünen- und Flußablagerungen als Beweis für die vielfaltigen und dynamischen Vorgänge der geologischen Entwicklung. An dieser Stelle jedoch überbrückt ein Schritt bereits 650 Millionen Jahre, denn hier folgen auf den 550 Millionen Jahre alten Tapeats-Sandstein übergangslos 1200 Millionen Jahre alte Granite und Gneisse. Schließlich wird am Ufer des Colorado der zwei Milliarden Jahre alte Vishnu-Schiefer, der Rest eines uralten Gebirges, sichtbar.

Der lange Weg in den Abgrund gibt auch Gelegenheit, sich die Dimensionen dieser gewaltigen Schlucht noch besser klarzumachen. Unvermeidlich drängt sich dabei die Frage auf: War es wirklich der von «oben» so unscheinbar, bei Lee's Ferry so träge wirkende Colorado, der diesen Canyon geschaffen hat, und das in einer Zeit von «nur» vier bis zehn Millionen Jahren? (So weit differieren die Schätzungen der Geologen.) Diese Vorstellung fiele leichter, könnte man noch die früheren Kraftakte des Colorado bei Hochwasser erleben.

Aber es gibt keine andere Erklärung: Der Grand Canyon ist das Werk des Colorado und seiner Nebenflüsse. Ganz allein waren er und seine kleineren Helfer dabei freilich nicht. Die Schlucht müßte dann viel «sauberer gearbeitet» sein. Ihre bizarr zerrissene Form weist darauf hin, daß zum einen weitere Kräfte am Werk waren und zum anderen besondere Umstände zu ihrer Entstehung beitrugen. Mit «Kräften» sind die Verwitterung freigelegter Gesteine, die Sprengkraft gefrorenen Wassers und die Schwerkraft, die vom Fluß geschaffene Böschungen abrutschen läßt, gemeint; mit «Umständen» die geologischen Gegebenheiten im Canyon, wie Risse, Verwerfungen und die unterschiedlichen Härtegrade der vergleichsweise weichen, brüchigen Gesteinsschichten, die gute Ansatzpunkte für die Attacken des aggressiven Flusses bieten.

Mit anderen Worten: Nicht durch beharrliche Fräs- und Schleifarbeit des Flusses entstand die große Schlucht, sondern vor allem durch unzählige Felsstürze und Bergrutsche, die unter anderem der Colorado und seine Nebenflüsse ausgelöst haben und deren Geröllhalden sie dann wegräumten. Was der Colorado beim Wegräumen leisten kann, war schon zu lesen. Fräsend, schleifend und polierend ist der Colorado erst tätig, seit er die harten Granit- und Schiefergesteine erreicht hat. Diese wird er weiter bearbeiten, verstärkt, wenn die seinen Lauf verlangsamenden Dämme kein Hindernis mehr sein werden und so lange, bis vom Ausgang des Grand Canyon kein Gefälle mehr zum Golf von Kalifornien besteht. Wann das ist? Wir werden es nicht erleben, aber in den Zeiteinheiten der Geologie wird es schon morgen sein.

EIN NATURWUNDER VON ATEMBERAUBENDER SCHÖNHEIT

Berichte über Begegnungen mit dem Grand Canyon

Kaum ein anderes Naturwunder dieser Welt hat so viele Besucher angelockt wie der Grand Canyon, darunter auch zahlreiche Forscher und Entdeckungsreisende, die fasziniert waren von der Möglichkeit eines so tiefen Einblicks in die Jahrmillionen der Erdgeschichte. Durch die Umwandlung des Gebiets in einen Nationalpark ist es gelungen, trotz des Besucherandrangs die Ursprünglichkeit dieser Schluchtlandschaft zu bewahren, von deren Großartigkeit die hier ausgewählten Berichte der Naturforscher Joseph Wood Krutch, John Wesley Powell und Sven Hedin sowie der Schriftstellerin Simone de Beauvoir auf sehr unterschiedliche Weise Zeugnis ablegen.

Der erste Anblick

Vor zwanzig Jahren gehörte ich zu den Tausenden von Touristen, die den Grand Canyon zum ersten Mal sahen. In jenen Tagen wurden die Reisenden, die von Süden her mit dem Wagen oder dem Bus kamen, nicht vorgewarnt, bis sie tatsächlich am Abgrund standen. Üblicherweise stiegen sie an der Eingangstür zur Bright Angel Lodge aus, gingen durch die Empfangshalle, wanderten über die Terrasse hinter dem Haus und fragten sich dabei, wo denn der Canyon sei. Und dann standen sie plötzlich am Rand, nur eine niedrige Brüstung zwischen sich und dem riesigen Abgrund.

Zuerst geht es senkrecht mehrere tausend Fuß hinab, dann kommt das weite Tonto-Plateau, dann ein weiterer senkrechter Abfall bis zu einem unsichtbaren Grund, dessen Tiefe der Besucher nur ahnen kann. Offenbar hat Cárdenas, der erste Weiße, der den Canyon sah, ihn 1540 auf diese Weise entdeckt. Seitdem haben Tausende von Männern und Frauen sein Erstaunen und Entzücken geteilt. Obwohl ich seit meinem ersten Besuch viele Male hier war, bekomme ich immer noch einen wahrhaften, wenn auch inzwischen kleiner gewordenen Schock.

Heute bietet eine neue, erst vor wenigen Jahren gebaute Straße den Autofahrern schon bei der Anfahrt

Oben und unten: «Backpackers» – Rucksackwanderer auf dem South Kaibab Trail. Dieser Weg bietet meist freie Sicht und spektakuläre Ausblicke. Vier Jahre lang, von 1924 bis 1928, dauerten die Arbeiten für seinen Bau. Er führt die Wanderer hinunter zum Colorado River und als einziger unterhaltener Pfad auf der anderen Seite (als North Kaibab Trail) wieder zum Nordrand hinauf.

einen ersten Einblick in die Schlucht. Das verdirbt das Drama ein wenig, aber vielleicht ist das auch gut so. Bei meinem ersten Besuch tat ein Mitreisender einen Blick und rannte dann zurück, um seine Arme um einen Baum zu schlingen. Als ich ihn das letzte Mal sah, wehrte er sich verzweifelt gegen die Bemühungen zweier Begleiterinnen, ihn loszureißen.

Auf den ersten Blick scheint das Spektakel zu merkwürdig, um wahr zu sein. Weil man noch nie etwas Vergleichbares gesehen hat, weil man nichts hat, womit man es vergleichen kann, ist das Auge überwältigt, aber es kann die Aufmerksamkeit nicht darauf richten. Vor allen Dingen ist es die Größe, die zu riesig ist, als daß man sie begreifen könnte. Der Canyon ist an der Stelle, wo man ihn normalerweise zum ersten Mal sieht, von dem einen Rand zum anderen zehn Meilen breit und fast genau eine Meile tief. Doch wir sind so daran gewöhnt, Wolkenkratzer für hoch und den Petersdom oder das Pentagon für riesig zu halten, daß wir gar nicht anders können, als das, was uns das Auge zeigt, falsch zu interpretieren; wir können nicht begreifen, daß die ungeheuren Mesas [Tafelberge] und merkwürdig geformten Felsspitzen, die sich rings um uns erheben, eben diese grandiosen Objekte sind, die sie sind. Eine Zeitlang ähnelt es zu sehr einem verkleinerten Modell oder einer optischen Täuschung. Man bewundert die Peep Show, das ist auch schon alles. Weil wir uns nicht damit auseinandersetzen können, bleiben wir außen vor, ebenso wie wir außerhalb des Rahmens eines Gemäldes bleiben. Auch wenn wir immer und immer wieder zu einem Gemälde zurückkehren, können wir es dennoch nicht über geraume Zeit hinweg ununterbrochen anschauen. Zu einem anderen Gemälde weiterzugehen, das ist der fast unausweichliche Impuls. Und das ist die Reaktion der Mehrheit der Besucher des Canyon.

Um in das Bild einzudringen, muß man sich irgendwie damit auseinandersetzen, und das in kurzer Zeit zu tun, ist nicht leicht. Einige der etwas Robusteren unternehmen die Tagestour zum Grund und zurück auf den Rücken der Maultiere. Einige der etwas Tollkühneren fegen die Warnungen beiseite und stürzen sich fröhlich zu Fuß hinab, nur um festzustellen – es sei denn, sie sind geübte Wanderer –, daß sie sich völlig erschöpft aus einem illusorischen Panorama retten lassen müssen, in dem sie, wie in einem Traum, nicht voranzukommen scheinen. Sie haben sich damit auseinandergesetzt, doch die Auseinandersetzung endet in einer Enttäuschung und Niederlage.

Für diejenigen, die bereit sind, die Zeit aufzubringen, ist es klüger, die Beziehung von ganz allein entstehen zu lassen. Nach ein paar angenehm, aber ruhig verbrachten Tagen fängt man an, das Gefühl der Irrealität zu verlieren und kommt mit einem Maßstab an Größe und Entfernung zurecht, den man zuerst nicht begreifen konnte. Erst dann hinterläßt das Spektakel, selbst als bloßes Spektakel, seinen tiefen Eindruck, erst dann fängt man an, ein vages Gefühl von dem zu bekommen, was die Geologen meinen, wenn sie von den Millionen von Jahren reden, in denen der Canyon sich tief eingeschnitten hat in den Fels, und von den Milliarden von Jahren, in denen der Fels für diesen Einschnitt vorbereitet wurde. Der Canyon verlangt eine «zweifache Belichtung», um in unserer Ausdrucksweise zu bleiben. Nur so wird die Größe, das Alter oder die Ungeheuerlichkeit der Kräfte, die ihn geformt haben, real. Und wie ich bei vielen Besuchen gelernt habe, muß dieser Prozeß jedesmal wiederholt werden. Zuerst ist da nur der Eindruck von irgendeinem von Menschenhand geschaffenen Diorama, das die Augen zu täuschen versucht. Erst später setzt die langsame Akzeptanz der unglaublichen Tatsache ein.

Über mehrere Jahre hinweg studierte JOSEPH WOOD KRUTCH den Grand Canyon im Wechsel der Jahreszeiten. Der amerikanische Naturforscher tat sich vor allem auf dem Gebiet der Biologie und der Geologie der Wüste hervor. Daneben fand er noch Zeit für wissenschaftliche Arbeiten über das amerikanische Theater nach 1918 und die amerikanische Naturliteratur.

Sinnbild aller Landschaften

Um zehn Uhr besteigen wir den Bus zum Grand Canyon. Wir fahren durch dunkle Kiefernwälder auf einem Hochplateau, das völlig eben bis ans Ende der Welt zu reichen scheint. Wir fahren an einem kleinen Flugplatz vorbei; überall in Amerika trifft man sie an, vor den Städten und Dörfern wie mitten in der Wüste. Hier sind es sechs kleine rote, gelbe und blaue Apparate, die leichtbeschwingt wie Vögel aufsteigen und niedergehen. Sie sind so klein und so hübsch lackiert, daß man sie für Kinderspielzeuge halten könnte. Zwei Stunden fahren wir durch das völlig ebene Gelände. Und plötzlich entdeckt man den ungeheuren Spalt: der Grand Canyon.

Die Gegend ist zum Nationalpark erklärt worden. Ein Bahnhof ist auch da, aber er ist ziemlich weit weg, unter Bäumen versteckt. Nur ein Hotel und, in einiger Entfernung davon, zwei Häuschen – von Indianern unterhaltene *curio shops* – stehen am Rande der steilen Wand. Ein paar Bänke auf dem überhängenden Pfad. Das ist alles. Das Hotel ist aus schwarzen Stämmen erbaut und mit indianischen Teppichen ausgeschmückt. Indianer in Tracht, die langen schwarzen Haare durch ein rotes Band zusammengehalten, machen Trägerdienste und sind Zimmerkellner. Die

Ein völlig anderes Gesicht zeigt der Grand Canyon im Winter: verschneite Bäume und Felsen am Südrand – die Schlucht liegt in geheimnisvollem Dunst, wirkt fern und unzugänglich.

dunkle, farbige *hall* gefällt mir, sie sondert mich nicht von der Landschaft ab, sondern sie läßt sie mich ahnen und lädt dazu ein, sie zu entdecken. Ich trete an den Abgrund und betrachte die rosa und roten, die ocker- und schwefelgelben Steilwände, die den Colorado in sein schmales Bett zwingen. Das schöne Wort Colorado und die Bilder, die ich sah, haben mich schon lange, sehr lange von diesem Ort träumen lassen. Ich weiß nicht recht, warum er mir vor allen anderen als unerreichbar erschien: für mich war er das geheimnisvolle Sinnbild aller Landschaften, die ich nie entdecken würde – die schmerzvolle Herausforderung des Un-

möglichen. Später kam er mir zugänglicher vor; man beschrieb mir dieses Hotel, diesen Abgrund – da habe ich nicht mehr geträumt, sondern den Willen gehabt, ihn zu berühren. Jetzt stehe ich hier und bin ganz verlegen. Wie jedesmal betäubt mich der Schock des Wirklichen: soviel Glanz und gerade diesen Glanz hatte meine Einbildungskraft nicht erfinden können. Was aber soll ich mit all dieser Schönheit, die sich mir bietet, beginnen?

Heute ist es schon zu spät, zum Fluß hinunterzusteigen. Die Maultierkarawanen sind schon am Vormittag aufgebrochen. Aber heute nachmittag geht ein Bus, der die Straße oberhalb der Schlucht entlangfährt. Die Straße schlängelt sich durch Kiefernwälder, entfernt sich in kapriziösem Bogen vom Canyon und stößt dann wieder auf ihn, wobei es jedesmal einen schönen Ausblick gibt, an dem die Ausflügler ergriffen halt machen. Am letzten Knie, dem Ende des eigentlichen Canyons, erhebt sich ein runder Turm. Ich finde hier die gleiche Atmosphäre wieder wie am Niagara: man hat sich in der einfallsreichsten Weise bemüht, aus einem Naturwunder eine Art Lunapark zu machen. Verschiedene Attraktionen erwarten den Touristen. In dem großen runden Saal zu ebener Erde sind die Fenster so angeordnet, daß sie die Landschaft widerspiegeln; ich weiß nicht, wie man es fertiggebracht hat, daß sie das überstarke Licht absorbieren. Über das direkte Licht, das grell und heftig ist, schiebt sich eine Sicht in filtrierten, milderen Farben. Die Besucher stehen um diese stanniolfreien Spiegel herum und drehen gewissenhaft einen nach dem anderen. Ein anderes Spiel treibt man auf der Terrasse: in eine Art Büchse ist ein Schlitz eingelassen, durch den man alles verkehrt sieht – der Effekt ist schwindelerregend. Der Blick stürzt senkrecht abwärts bis in den Himmel, man hat das Gefühl, zu fallen. Im Saal der ersten Etage kommentiert der Führer die indianischen Malereien. Wir steigen die Wendeltreppe empor. Von der oberen Terrasse schweift der Blick ins Unermeßliche. Man sieht in der Ferne ein weites violettes und rotes Plateau in so scharf abgesetzten Farben, als hätte es ein größenwahnsinniger Gauguin gemalt; es heißt auch ‹die gemalte Wüste›. Zehn Fernrohre, nach verschiedenen Richtungen eingestellt, bieten für einen Nickel ihre Dienste an, dir irgendeinen gewünschten Teil der Landschaft näherzubringen. Als wir gegen fünf Uhr ins Hotel zurückkehren, teilt man uns mit, daß am Abend in dem benachbarten, ebenfalls mit einem Arsenal von Fernrohren versehenen Pavillon ein Lichtbildervortrag über den Grand Canyon stattfindet. Man tut alles, um ein allzu natürliches Schauspiel für den Gebrauch des Touristen zu zähmen. [...]

Der *curio shop* gegenüber dem Hotel nennt sich «Maison Hopi». Den ganzen Tag über sind die Indianer, die ihn bewohnen, amerikanisch gekleidet. Aber gegen sechs Uhr ziehen sie über ihren gewöhnlichen Anzug Lederhosen, Büffelwesten, setzen ihren Federschmuck auf und tanzen eine Nummer. Es ist immer der gleiche Tanz, nur taufen sie ihn einmal Bärentanz oder Adlertanz und dann wieder einmal Büffeltanz. Ein kleines Kind, in gleicher Weise verkleidet, hüpft mit einem bereits geschäftstüchtigen Lächeln herum, und das Publikum wird weich. Ich setze mich in einiger Entfernung davon auf eine der Bänke und schaue. Ich habe also hierherkommen wollen, und da bin ich nun. Ich blicke auf die Zyklopenwände. Wie man einen mit

Linke Seite: Schneebedeckte Kiefer am Canyonrand.

Oben und unten: Der Südrand des winterlichen Canyon. Rauhreif, Schnee und wolkenverhangener Himmel erzeugen zarte, fließende Farben und Formen, die an fernöstliche Tuschemalerei erinnern.

Am Nordrand des Grand Canyon: gewaltige Felsstufen und Terrassen, die durch die Schichtungen der dünnen Schneedecke besonders hervortreten.

Bunte Vegetation in der Felslandschaft des Canyon: die Agave, auch Maguey oder Jahrhundertpflanze genannt (oben), Kakteen, die durch die Schönheit ihrer Blüten bestechen, wie der Claret Cup (Mitte), ein Igelkaktus (Echinocereus triglochidiatus engelmannii), und Wildblumen (unten).

Crème und Konfitüre gefüllten Kuchen durchschneiden kann, so ist hier die Erde durchgeschnitten – mit ihren übereinandergelagerten Schichten, ihren Muscheln, ihren Fischen, ihren Farngräsern, die sich in die Steine der sich ablösenden Zeitalter eingekrustet haben. Von unten nach oben kann man die Formationen der Erdkruste verfolgen. Die Sonne geht zur Neige, sie übergießt die Felsen, deren mineralisches Rot erst schmilzt und sich dann verflüchtigt, mit Blut. Ich schaue. Ich habe Verständnis für die verkehrten Spiegelungen und die beweglichen Glasscheiben, für alle diese linkischen Versuche, diese Szenerie festzuhalten und sie nutzbar zu machen. Da ist diese Szenerie, und da bin ich. Man möchte, daß etwas sich ereigne. Ich schaue, das ist alles, es passiert nichts. Es ist immer das gleiche. Im vergangenen Jahr war es das sanfte Kräuseln der aprikosenfarbenen Dünen, waren es die im Mondlicht erstarrten Palmen: es geschah nichts. Sand, Stein, Mond, untergehende Sonne; die Dinge sind da, ich bin da, wir stehen uns gegenüber. Letzten Endes bin immer ich es, die aufsteht und davongeht.

SIMONE DE BEAUVOIR (1908–1986) war ursprünglich Lehrerin, wandte sich aber durch die Erfahrungen des Zweiten Weltkriegs 1943 der freien Schriftstellerei zu. Trotz der kritischen Distanz der weitgereisten Literatin gegenüber den Erscheinungsformen des Tourismus am Grand Canyon verfehlt die grandiose Schluchtlandschaft ihre Wirkung nicht.

Zur Talsohle hinab

18. März

Das Beste ist, zur Talsohle des Canyon hinunterzureiten, sie nicht nur anzuschauen, sondern in enger Berührung mit ihr einen Tag lang dort zu leben. Im Hotel leihen wir uns blaue *slacks*, Jacken und Handschuhe aus. Die Maulesel stehen in einer kleinen Einzäunung, sie werden von zwei Cowboys in etwas zu auffallender Tracht beaufsichtigt. Sie wählen je nach unserer Größe die richtigen Tiere für uns aus und helfen uns in den Sattel. Wir sind ungefähr zwölf, die an dem Ausritt teilnehmen. Ein Cowboy reitet an der Spitze, der andere am Ende der Reihe. Oben auf dem Pfad werden wir geknipst; wenn wir zurückkommen, sind die Photos fertig. Unter uns trotten vier heubeladene Maulesel den in die Flanke der Bergwand eingehauenen Weg hinab. Jetzt reiten auch wir abwärts. Eine Warnungstafel besagt: das Mitführen von Hunden ist verboten. Die Maulesel gehen gleichmäßig; an jeder Wende laufen sie blind auf den Abgrund zu, in der letzten Sekunde besinnen sie sich und treten wieder auf die Mitte des Pfades – nach einer Stunde hat man sich daran gewöhnt. In größeren Abständen zeigt eine Tafel an, bis in welches

Die Schlucht des Little Colorado River. John Wesley Powell, Leiter der Erstbefahrung 1875, schrieb über den Little Colorado: »Der Canyon, aus dem er in den Colorado mündet, ist beinahe so großartig wie der des Hauptflusses. Im übrigen ist er nur ein sehr kleiner Fluß und überaus schlammig und salzhaltig.«

Leuchtende Farben und bizarre Schatten auf den kahlen, von der Erosion geformten Felsoberflächen. Blick von Hopi Point auf den in 1750 Meter Tiefe liegenden Colorado ...

geologische Zeitalter wir eingedrungen sind, auch auf Muscheln und fossile Farnkräuter werden wir hingewiesen. Von oben bis unten sind längs des Pfades Telephonzellen eingerichtet. Wenn es einem Spaß macht, kann man nach New York telephonieren.

Es geht sehr langsam abwärts, viel langsamer als zu Fuß. Nach und nach ändert sich die Landschaft. Sie wird wirklicher. Wir haben die Steilwand verlassen und reiten über ein Plateau, das mit dornigem, blauem Buschwerk bedeckt ist. Von oben gesehen war es nur eine bunte Oberfläche: jetzt hat es Dichte und Duft, jetzt sind es einzelne Büsche von wechselndem Blau. Nach drei Stunden halten wir am Rande flacher Felsen, die steil über dem Fluß hängen – von oben war er nur ein schmales funkelndes Band, hier ist er ein reißender, breiter Fluß, frisch, verführerisch, gefährlich. Und wenn ich in ihm badete, würde er wiederum ein anderer sein. Aber wir reiten nicht bis ans Wasser, sondern machen ein wenig höher an einer Wasserstelle halt. Die Maultiere fressen Heu, wir essen *Sandwiches*, die die Cowboys austeilen. Ich döse einen Moment in der Sonne. Es bleibt mir wenig Zeit, ich weiß es, aber an Stelle dieses Karawanenausflugs wäre es schöner gewesen, lange und allein auf diesen Pfaden zu laufen, am Ufer zu schlafen, Nacht für Nacht dem Flusse zu Fuß oder im Kanu zu folgen, in inniger Vertrautheit mit dem Grand Canyon zu leben. Es ist eine Vertrautheit, die sicher besonders schwer herzustellen ist: die Schönheit der Gegend ist auf den ersten Blick zu augenscheinlich für alle – ihre tieferen Geheimnisse muß man sich gewiß mit Mühe erkämpfen. Aber ich beneide die, denen sie sich enthüllt haben. Ich besteige mein Maultier, wir reiten wieder hinauf. Mehr konnte ich nicht erhoffen. Auch die Landschaften geben einem nichts, wenn man ihnen nichts von sich selbst gibt.

Im Zuge, der uns abends nach Williams zurückbringt, habe ich im Herzen eine unbestimmte Empfindung, die zwischen Triumph und Bedauern schwankt. Es ist geschehen, ich habe den Grand Canyon gesehen. Die so lange gehegte Hoffnung ist zu einer festumrissenen Vergangenheit geworden. Am Ende meines Wartens hat man mir eine Erinnerung mehr, nichts als eine Erinnerung gegeben. Mit Befriedigung denke ich: ich tat, was ich zu tun wünschte. Aber es bleibt eine zweischneidige Befriedigung, vergleichbar mit der, die der Weise auf seinem Totenbett empfindet, wenn er – um sich über sein Sterben zu trösten – zu sich selbst sagt: »Mein Leben war schön.«

Nach den ersten Eindrücken am Canyonrand nutzt SIMONE DE BEAUVOIR die Gelegenheit, die Schlucht

... Durch die Veränderung des Lichteinfalls im Tageslauf zeigen die unterschiedlichen Gesteinsschichten immer neue, geradezu unwirkliche Farben. Blick vom Powell Memorial am South Rim.

bei einem Ritt in den Canyon hinunter noch besser kennenzulernen. Der Besuch des Grand Canyon ist Bestandteil einer Amerikareise im Jahr 1947, die die Schriftstellerin in ihrem Tagebuch festgehalten hat.

Durch die Stromschnellen des Colorado

14. August

Nach dem Frühstück kehren wir aufs Wasser zurück. Der Canyon ist enger, als wir es je zuvor erlebt haben; das Wasser fließt schneller; die Wände sind von Zinnen und Klippen gekrönt; scharfe, eckige Felsvorsprünge mit von Wind und Wellen polierten Spitzen ragen weit in den Fluß hinein. Während wir weiterfahren, steigt der Granit immer höher an, bis fast 300 Meter des unteren Abschnitts der Wände aus diesem Gestein bestehen.

Gegen 11 Uhr hören wir voraus ein großes Getöse und nähern ihm uns sehr vorsichtig. Das Geräusch wird lauter, je näher wir herankommen. Schließlich sind wir oberhalb einer langen, vielfach unterbrochenen Stromschnelle angekommen; Felsstufen und -spitzen behindern den Lauf des Flusses. Das Gefälle beträgt vielleicht 22 oder 24 Meter auf einer Strecke von 500 Metern, und das abwärts stürzende Wasser bricht sich an den Felsen zu großen Wellen und schäumt wütend auf. Es wäre unpraktisch, die Boote zu tragen, wir müssen entweder die Stromschnellen durchfahren oder das Unternehmen aufgeben. Es gibt kein Zögern. Wir steigen in die Boote, stoßen uns ab – und los geht's, zuerst auf glattem, aber sehr schnellem Wasser; dann treffen wir auf eine glasklare Welle, reiten auf ihrem Kamm, stürzen in ihr Tal hinab, dann wieder auf eine noch höhere Welle hinauf, und so geht es hinauf und hinab auf immer höheren Wellen, bis wir auf eine Welle treffen, die gerade zurückrollt, und ein Brecher schlägt über unserem kleinen Boot zusammen. Immer noch jagen wir weiter, vorüber an herausragenden Felsen, bis das kleine Boot von einem Strudel gepackt und etliche Male herumgewirbelt wird. Und nun haben die anderen Boote uns schon überholt. Von einem Felsen zurückgeschleudert, [...] werden wir in einen Wirbel hineingezogen, aus dem wir minutenlang nicht wieder herauskommen; dann werden wir weitergetragen, immer noch von Brechern überrollt. Wir haben keine Kontrolle mehr über das Boot und werden weitere hundert Meter durch die Brecher getragen – wir wissen kaum, wie. Wir entdekken, daß die anderen Boote in einen Wirbel unterhalb des Katarakts eingefahren sind und darauf warten, uns im Vorbeifahren anzuhalten, denn die Männer haben gesehen, daß unser Boot vollgeschlagen ist.

Fortsetzung Seite 42

LEBEN IN EINER OASE

Der Havasu Canyon

Wie kommt es nur, daß man zu den schönsten Orten nur unter Aufwendung von viel Mühe und Zeit gelangt? Das gilt für den Aussichtspunkt Toroweap (siehe Seite 58), für den Grund des Grand Canyon und ebenso für den Havasu Canyon.

Der beschwerliche Weg dorthin wird im «Kleinen Reiseführer» beschrieben. Warum aber nehmen so viele Reisende die dort geschilderten Mühen auf sich? Was macht den kleinen Canyon, der auf manchen Karten auch als Cataract Canyon verzeichnet ist, für die Besucher des Grand Canyon so anziehend?

Einige von ihnen werden die dort lebenden Havasupai-Indianer interessieren, die «Menschen vom blaugrünen Wasser». So werden sie von den «haigu», den Weißen, genannt. Sie selbst nennen sich Supai; diesen Namen trägt auch das Dorf im Canyon, in dem rund 100 Angehörige des heute noch etwa 400 Mitglieder zählenden Indianerstamms relativ isoliert leben und eine bescheidene Landwirtschaft betreiben. Bei ihnen haben sich noch einige alte Traditionen erhalten, etwa die Schwitzhütte, die indianische Sauna. Ihr Besuch dient nicht nur der Reinigung des Körpers, sondern hat auch spirituellen Charakter. Auch Jagdzeremonien und Bestattungsriten haben sich erhalten.

Havasupai-Indianer.

Die meisten Besucher kommen jedoch wegen der Naturschönheiten des Havasu Canyon: Er birgt eine Flußoase, wie sie in dieser Kalksteinwüste niemand erwarten würde. Nach seinem langen Weg durch eine trockene, felsige Landschaft wird der Wanderer vom Geräusch rauschenden Wassers empfangen. Und schließlich, nach der letzten Wegbiegung, bietet sich ihm unvermittelt der Anblick des frischen Grüns von Pappeln, Obstbäumen, Büschen und Wiesen, die bewässert werden vom Havasu Creek, einem kristallklaren Bach, der das ganze Jahr über reichlich Wasser führt und dem Chemikalien, die er aus dem Gestein aufgenommen hat, seine leuchtend blaue Farbe verleihen.

Unterhalb des Ortes Supai liegen die vier berühmten Wasserfälle des Havasu Creek, die Navajo-, Havasu-, Mooney- und Beaver Falls. Die Mooney Falls, mit 60 Metern die höchsten unter ihnen, wurden ursprünglich von den Indianern «Mutter des Wassers» genannt. Ihr heutiger Name geht auf den Erzsucher James Mooney zurück, der sich 1880 vom Rand des Wasserfalls abseilen wollte und dabei tödlich verunglückte.

Die 30 Meter hohen Havasu Falls bestehen aus vier Wassersträngen. Die besondere Freude ihrer Besucher sind die von Travertinwänden gefaßten Becken an ihrem Fuß, von der Größe einer Badewanne bis zu der eines Swimmingpools, in deren kühlem Wasser man wie in einem Whirlpool baden kann.

Whirlpools in der Wüste, umgeben von üppigem Grün – das sind neue, ganz ungewohnte und vor allem sehr erfrischende Aspekte der großen Schlucht des Colorado.

Helmut Friedrich

Am Fuß der Havasu Falls laden große Becken aus Travertin (Kalktuff) müde Wanderer zu einem erfrischenden Bad ein.

Die 30 Meter hohen Havasu Falls, die eindrucksvollsten der vier Wasserfälle im Havasu Canyon. Das Wasser enthält Kalziumkarbonat, das zu Travertin (Kalktuff) erhärtet. Durch die Gischt, die an die Wände der Klippen geweht wird, sind im Lauf der Jahrmillionen regelrechte «Steinvorhänge» entstanden, die rechts im Bild erkennbar sind.

Hausboote auf dem Lake Powell. Der in einer eindrucksvollen Felslandschaft gelegene riesige Stausee des Colorado River ist ein beliebtes Ferienziel.

Nachdem wir unser Boot leergeschöpft haben, geht es weiter. Die Wände sind jetzt fast zwei Kilometer hoch. Die Schlucht ist unten schwarz und eng, weiter oben schimmert sie grau und rot mit Zinnen und eckigen Felsvorsprüngen an den Wänden; da überdies zahlreiche Nebencanyons in die Wände einschneiden, sieht die Landschaft aus wie eine gigantische Felsenwildnis. In dieser grandiosen düsteren Tiefe gleiten wir dahin, stets lauschend, denn das ungestüme Wasser tost pausenlos, stets beobachtend, stets vorausblickend, denn der schmale Canyon ist gewunden und der Fluß so von Felsen eingeschlossen, daß wir nur ein paar hundert Meter weit sehen können und nicht wissen, was hinter der nächsten Biegung auf uns wartet; deshalb horchen wir auf Stromschnellen und halten nach Felsen Ausschau; hin und wieder machen wir Halt, um die gigantische Szenerie zu bewundern.

Obwohl JOHN WESLEY POWELL (1834–1902) im Bürgerkrieg seinen rechten Arm verloren hatte, durchfuhr er 1869 mit neun Männern und vier kleinen Holzbooten die gefährlichen Stromschnellen des Colorado und erforschte auf diese Weise erstmals das Innere des Grand Canyon. In seinem Tagebuch beschreibt der Geologe und Ethnologe interessante Details der abenteuerlichen Expedition.

Wallfahrt

Die Zeit von drei Wochen, die ich im Gran Cañon zubrachte, war allzu kurz, um ein tiefes, gründliches Eindringen in seine Geheimnisse zu gestatten. Manche Amerikaner haben sich so sehr in den Gran Cañon verliebt, daß sie ihn immer wieder sehen wollen und jedes Jahr dorthin zurückkehren, ebenso wie die frommen Pilger in Tibet und Indien zu ihren heiligen Bergen und Flüssen wallfahrten. Solche wiederholten Besuche sind die richtige Methode, um die unvergeßlichen Bilder dieses Tales wirklich in sich aufzunehmen, dieses Tales, von dem jemand gesagt hat, daß es nicht das achte Weltwunder ist, sondern das erste. Das Ideal wäre es, sich für ein ganzes Jahr an irgendeinem Punkt des Südrandes niederzulassen und Tag für Tag seine Seele zu baden in dem Anblick des Ganges der Jahreszeiten und des Spiels der ständig wechselnden Beleuchtung in dem großartigsten Erosionstal der Erde.

Mein Besuch fiel in den Hochsommer, wo die Luft fast immer klar ist und keine Stürme rasen. Für die Beleuchtung ist die warme Jahreszeit zweifellos die günstigste, besonders gegen Abend, wo wunderbare Skulpturen in ihrer ganzen wechselnden und dennoch gesetzmäßigen Mannigfaltigkeit und ihrem architektonisch dekorativen Reichtum hervortreten, während die nach Südwesten und Westen gewandten Fassaden von Felsentempeln, Pagoden und Pyramiden von dem Licht der sinkenden Sonne getroffen werden und in intensiv roten Farbtönen leuchten. Und über diesem Bild wölbt sich ein Himmel, so blau wie der edelste Türkis von Nischapur.

In der zweiten Hälfte des Juli tritt die Regenzeit ein. Leider konnte ich sie nicht abwarten. Aber an Hand der mündlichen Beschreibungen, die man mir in El Tovar gab, kann ich verstehen, daß die wasserschweren Wolkenmassen, die über Arizona dahinziehen, Wirkungen von phantastischer Schönheit hervorzuzaubern imstande sind. Es kommt vor, daß sich die Wolken in den tiefen Erosionsrinnen des Cañon vorwärts wälzen und daß ihre Oberfläche einem aufgewühlten Meer oder einem ungeheuren wallenden Strom gleicht; oder auch, daß sich der Regenbogen wie eine Brücke über den Abgrund zwischen dem Nordrand und dem Südrand spannt, aber trotz seines seltsamen Farbenglanzes das Spiel der bunten Farbtöne auf den nach Westen gerichteten Mauern des Marble Cañon und der Palisaden kaum zu übertreffen vermag.

Im Winter liegen die Nadelwälder auf der Höhe des Nord- und Südrandes in Schnee gebettet, und es soll wunderbar anzusehen sein, wenn der Schneesturm seine weißen flatternden Fahnen über den Abgrund hinaus peitscht. In stillen Tagen kommt es dann vor, daß der bedeutende Temperaturunterschied, der zwischen dem Plateaukamm und dem 1500 Meter tiefer liegenden Talboden herrscht, dichte milchweiße Nebel hervorruft, die den ganzen Cañon bis fast zu seinem Rand erfüllen. Die Oberfläche des Nebelbetts kann völlig eben und sonnenbeschienen sein. Sähe man eine Photographie, die bei einer derartigen Gelegenheit aufgenommen ist, würde man seinen Kopf wetten wollen, daß sie einen von niedrigen, schroffen Bergen und flachen bewaldeten Ufern umkränzten stillen See vorstelle. Am Nordrand würde man unregelmäßige, von tiefeinschneidenden Buchten zerrissene Halbinseln vorspringen sehen und hier und da kleine Felseninseln, die in Wirklichkeit nichts anders sind als die obersten Zacken der Pagoden und Pyramiden. Von den Geheimnissen der Tiefe würde man nichts ahnen. Man würde nicht glauben, daß die Insel, die nördlich von El Tovar aus dem Nebel emporragt, die Spitze eines fast freistehenden Blockes am Nordrande ist, der denselben Rauminhalt und dieselbe Bergmasse hat wie der Mount Washington!

Aber auch wer sich wie ich nur einige Sommerwochen hier aufhält, hat keinen Grund, sich über mangelnde Abwechslung in der Beleuchtung zu beklagen. Diese verändert sich vielmehr vom Morgen bis zum Abend mit jeder Minute. Nach den schwachen, schlummernden Tönungen der frühen Morgenstunden

Der Colorado River hat seinen festen Platz in der Mythologie der im Gebiet des Grand Canyon ansässigen Indianerstämme. Die Navajo, die Hualapai und die Havasupai glauben, er sei Rest einer großen Flut, von der einst die ganze Erde bedeckt war. Ein Mythos der Ute-Indianer dagegen erzählt, der Fluß sei von einem Gott in die Schlucht gerollt worden, um einen Weg in das Paradies zu verbergen.

Unendliche Ruhe des Abends: die im zarten Dunst verschwimmenden Umrisse der zerklüfteten Bergrücken und Grate am South Rim.

Bei Desert View: Wie Scherenschnitte wirken die schwarzen Silhouetten der Bäume im Kontrast zum Farbenspiel des Abendhimmels.

kommt die Sonne und weckt die Farben zu neuem Leben. Die Schatten fallen lang nach Westen, und die Mauer der Palisaden verschwindet im Dunkel. Die Sonne steigt immer höher, die Schatten schrumpfen zusammen, und ihre schwarzen Felder werden kleiner. Der ganze Cañon ist in Licht gebadet. Das Tagesgestirn geht unter, und die dunklen Flecke wachsen wieder, jetzt nach Osten. Die beleuchteten Partien gehen immer mehr in Rot über, und beim Sonnenuntergang sind sie intensiv hellrubinrot. Dann flammt auch die Mauer der Palisaden in demselben glühenden Farbton. Das Rot wird nach und nach matter und tiefer, und wenn die Sonne unter den Horizont gesunken ist, verschwimmt das eben noch so fein abgetönte Relief, alle Einzelheiten verschwinden, alle Farben verblassen, und im Osten über der Mauer der Palisaden steigt blauviolett die neue Nacht empor.

Wenn man all diese wilde, überwältigende Schönheit zu schildern versucht, hat man stets das Gefühl erfolglosen Unterfangens. Man fühlt die Unzulänglichkeit der Ausdrucksmittel, man findet nicht die rechten Worte, man sucht immer wieder vergebens nach ihnen und greift ins Leere. Bezaubert und gefesselt von der großartigen Natur, den gewaltigen Maßen, dem Reichtum an Farben und Formen und einem Gesamteindruck, der neben dem Gran Cañon alles verblassen läßt, was man auf Erden gesehen hat, so daß man sich auf einen andern Planeten versetzt glaubt, tastet man vergebens nach Worten und Bildern – und findet keine. [...]

Die einzigen, die Erfolg gehabt haben, sind die Geologen, die in den gewaltigen Annalen aus Stein geblättert und Zahlen und Maße und ihre petrographischen und paläontologischen Diagnosen gestellt haben. Für die Künstler ist die Aufgabe hoffnungslos gewesen; die Wirklichkeit mit ihren Tönungen und riesigen Ausmaßen in Farben wiederzugeben, ist ihnen nicht gelungen. Ein Dichter würde sich lächerlich machen, wenn er versuchen wollte, den Gran Cañon zu besingen, und ein Tonsetzer würde nie die einzige Musik übertreffen können, die zur Größe des Gran Cañon paßt – das nie verstummende Brausen des Rio Colorado.

Der schwedische Forscher SVEN ANDERS HEDIN (1865–1952) gilt als der letzte große Landreisende der Entdeckungsgeschichte: Zahlreiche ausgedehnte Expeditionen führten ihn zwischen 1894 und 1935 vor allem nach Zentralasien. Seine populärwissenschaftlichen Reisebeschreibungen machten ihn zu einem der beliebtesten Jugendautoren der Zwischenkriegszeit. Dennoch ist sein umfangreiches Werk bis heute auch von großer wissenschaftlicher Bedeutung.

Die tosenden Fluten und gewaltigen Felsplateaus der Grand Falls des Little Colorado River – eine Urlandschaft, geprägt von den ungezähmten Kräften der Natur.

ALLGEMEINE INFORMATIONEN

GRÖSSE. Der Grand Canyon National Park ist mit einer Fläche von 4930 Quadratkilometern nach dem Yellowstone Park der zweitgrößte Nationalpark der USA ohne Alaska. Das Parkgebiet beginnt bei Lee's Ferry mit dem Marble Canyon und endet bei den Grand Wash Cliffs am Lake Mead an der Grenze zur Lake Mead National Recreation Area, die gleichzeitig die Grenze zum Bundesstaat Nevada darstellt. Im Mittelpunkt des «Kleinen Reiseführers» sollen der Grand Canyon und seine Umgebung stehen, das Gebiet vom Aussichtspunkt Toroweap in Westen bis zum Little Colorado River, dem größten Nebenfluß des Colorado, im Osten, das touristisch am interessantesten und am besten erschlossen ist.

Der Grand Canyon ist zwischen 6,5 und 29 Kilometer (durchschnittlich 14,5 Kilometer) breit und im Durchschnitt 1600 Meter tief (am South Rim bei Mather Point 1380 Meter, am North Rim beim Grand Canyon Hotel 1750 Meter). Mather Point am South Rim liegt 2130 Meter hoch, der North Rim erreicht dagegen eine Höhe von 2500 Metern. Diese 370 Meter Höhendifferenz sind ausschlaggebend für die unterschiedlichen klimatischen Bedingungen und damit auch die unterschiedliche Vegetation am Nord- und am Südrand. Zwischen Lee's Ferry (950 Meter) und Lake Mead (372 Meter) fällt der Colorado um 578 Meter, größtenteils in den 70 bis zu zehn Meter tiefen Stromschnellen.

LAGE. Der Grand Canyon liegt im Norden von Arizona, das erst 1912 als 48. Bundesstaat in die Vereinigten Staaten aufgenommen wurde und noch bis 1848 zu Mexiko gehört hatte, rund 270 Kilometer oder drei

Autostunden nördlich der Hauptstadt Phoenix und etwa 125 Kilometer nördlich von Flagstaff, einer Stadt mit 40000 Einwohnern. Geographisch gehört die Schlucht zum Colorado-Plateau, das in Utah, Colorado, Neu Mexiko und Arizona 377000 Quadratkilometer, etwas mehr als die Fläche der Bundesrepublik Deutschland, umfaßt.

GESCHICHTE DES NATIONAL PARKS. Beeindruckt von seinem Besuch des Grand Canyon im Jahr 1903 veranlaßte der amerikanische Präsident Theodore Roosevelt 1906 die Gründung der Grand Canyon Game Reserve und ließ dieses Gebiet schließlich 1908 zum Grand Canyon National Monument erklären. Präsident Woodrow Wilson unterzeichnete am 26. Februar 1919 ein Gesetz, in dem bereits weite Teile des heutigen Parks zum National Park erklärt wurden.

1922 wurde der National Park unter Präsident Herbert C. Hoover um ein Stück Land im Westen erweitert, 1969 von Präsident Lyndon B. Johnson um den östlich des bisherigen Parkgebiets gelegenen Marble Canyon.

Die heutigen Grenzen des Parks wurden durch ein von Präsident Gerald R. Ford unterschriebenes Gesetz vom 3. Januar 1979 festgelegt, mit dem zum einen weitere Gebiete (die angrenzenden National Monuments und Teile der Glen Canyon und Lake Mead Recreation Area) hinzukamen, zum anderen aber wieder 340 Quadratkilometer Land abgetrennt wurden, um die Havasupai Indian Reservation zu vergrößern.

AUSKÜNFTE

VOR DER REISE. Fremdenverkehrsamt der USA (USTTA),
Bethmannstraße 56, 6000 Frankfurt/Main 1 (Tel. 069-295211).

Arizona Office of Tourism,
1100 West Washington, Phoenix, Arizona 85007 (Tel. 001-602-542-4003, Fax 001-602-542-4068).

Superintendent Grand Canyon National Park,
Grand Canyon, Arizona 86023,
P.O. Box 129 (Tel. 001-602-638-7888).
Hier bekommt man auch die für den Abstieg und die Übernachtung im Canyon nötige Wandererlaubnis («hiking permit»).

Oben: 1901 wurde die Bahnlinie zum Grand Canyon eröffnet; vorher kamen die Touristen zu Pferd. Unten: Der Minenbesitzer William W. Bass (im Bild rechts) begann um 1890, Reisen zum Canyon zu organisieren und gilt damit als einer der Begründer des Tourismus in der Region.

VOR ORT. Alles Wissenswerte über den Grand Canyon erfährt man im *Visitor Center* im Grand Canyon Village (South Rim). Hier gibt es Schautafeln, geologische und topographische Karten und Literatur aller Art sowie Vorträge, Dia- und Filmvorführungen. In unmittelbarer Nähe liegt das *Yavapai Point Museum*, das interessante Ausstellungen zur Geologie des Canyon und durch Panoramafenster einen großartigen Blick in die Schlucht bietet. Auch am North Rim gibt es ein kleines Informationszentrum im Foyer des Grand Canyon Hotels.
Ratschläge zu Ausflügen und Wanderungen in entlegenere Gebiete und abseits der vielbegangenen Pfade erteilt das *Bureau of Land Management (BLM)*. Diese Behörde ist für die Verwaltung des öffentlichen Landes verantwortlich, des Landes, das dem Staat gehört und nicht genutzt wird. Für die Umgebung des Grand Canyon und damit für Gebiete in Utah wie Paria Canyon, Buckskin Gulch und Grand Gulch Primitive Area ist die Niederlassung in Utah zuständig:
Kanab Resource Area,
918 North First East, Kanab, Utah 84741.

ANREISE

Im Idealfall «Fly and Drive», mit bereits zu Hause – da preisgünstiger – gemietetem (und vorausbezahltem) Pkw oder Wohnmobil. Beim Mieten sollte man auf «unlimited mileage» achten, das heißt, daß im Preis unbegrenzt viele Kilometer (ohne Benzin) pauschal eingeschlossen sind. Das Land ist groß und es ist lästig, bei jeder Fahrt oder jedem Umweg an die zusätzlichen Kosten denken zu müssen.
Die Reisebüros bieten Pkws in fünf Größen sowie eine große Auswahl an Wohnmobilen, vom Campingbus bis zum zehn Meter langen «Motorhome», an. Ihren Prospekten kann man alle notwendigen Details und Preise entnehmen.
Die Wahl des Zielflughafens hängt davon ab, welche weiteren Sehenswürdigkeiten neben dem Grand Canyon auf dem Reiseprogramm stehen. Auch die Möglichkeiten, nach der Ankunft ein Fahrzeug zu mieten, sind mitentscheidend; Wohnmobile kann man beispielsweise nur in Großstädten mieten.
Der zum Grand Canyon nächstgelegene Großstadt-Flughafen ist Phoenix, Arizona, der jedoch von Europa aus nicht nonstop angeflogen wird. Das Umsteigen auf amerikanischen Flughäfen ist relativ umständlich; nach der ersten Landung in den USA muß das Gepäck durch den Zoll gebracht und erneut aufgegeben werden. Nur wenige Kilometer vom Südeingang des Parks entfernt liegt der Grand Canyon National Park Airport.
Da die Fahrzeit von Los Angeles nach Phoenix nach Erhöhung der zugelassenen Geschwindigkeit von 55 auf 65 Meilen in der Stunde auf den Interstates (die die Bundesstaaten verbindenden Autobahnen) nur noch sechs Stunden beträgt, ist Los Angeles als Zielflughafen und erster Übernachtungsort durchaus eine erwägenswerte Alternative.
Zur Einreise genügt für Schweizer, Österreicher und Deutsche inzwischen der Reisepaß. Wer schon einmal die Vereinigten Staaten besucht hat und deshalb noch ein (früher lebenslang gültiges) Visum besitzt, sollte es mitnehmen, auch wenn der Paß inzwischen abgelaufen ist; das Visum gilt noch und erleichtert die Einreiseformalitäten. Europäisches Bargeld ist in den Staaten nur wenig bekannt und wird daher meist nicht gewechselt. Neben einigen «Greenbacks» für die erste Zeit nach der Landung sind daher Reiseschecks in US-Dollar (sie können wie Bargeld verwendet werden) und – das gilt für den gesamten Aufenthalt – eine Major Credit Card

Oben: Aussichtspunkt mit Mineralien-Verkaufsausstellung – das «Lookout Studio» im Grand Canyon Village. Unten: Die Nostalgie-Eisenbahn zwischen Williams und Grand Canyon Village.

Im Grand Canyon Village, unmittelbar am Rand der Schlucht, liegen das berühmte Hotel El Tovar (oben) und das Hopi House (unten), in dem indianisches Kunsthandwerk verkauft wird.

(Visa, Eurocard/Master Card oder American Express) empfehlenswert. Reisende, die nicht im Besitz einer solchen Karte sind, gelten sogar als wenig vertrauenswürdige Kunden und müssen daher Hotelübernachtungen im voraus bezahlen oder beim Mieten eines Autos eine hohe Kaution hinterlegen.
Von Phoenix sind es noch 145 Autokilometer (rund 1,5 Stunden Fahrzeit) auf der Interstate 17 bis Flagstaff und weitere 125 Kilometer (nochmals 1,5 Fahrstunden) bis zum Grand Canyon Village am Südrand.
Von Flagstaff gibt es auch eine ganzjährige Busverbindung zum Park. Darüber hinaus fährt seit 1989 wieder eine von einer Dampflok gezogene Nostalgieeisenbahn auf der historischen Bahnstrecke von Williams zum Grand Canyon Village.

REISEZEIT UND ZUGANG ZUM CANYON

Der Grand Canyon National Park hat drei Zugänge, besser gesagt Zufahrten. Zum Südrand (South Rim) kommt man am Grand Canyon Village und bei Desert View, zum Nordrand (North Rim) führt eine Straße über Jacob Lake. Zwischen North Rim und South Rim liegen zwar nur 16 Kilometer Luftlinie oder 33 Kilometer steiler Wanderweg, aber 345 Autokilometer oder fünf Fahrstunden.
Der Südrand ist ganzjährig zugänglich, die Zufahrt zum Nordrand ist jedoch von Ende Oktober bis Mitte Mai gesperrt. Eine eigene Schotterstraße führt zum Aussichtspunkt Toroweap am Nordrand des Canyon (siehe Seite 58).
Für Besucher, die nicht vorhaben, in die Schlucht hinabzusteigen, ist jede Jahreszeit geeignet; zu beachten ist lediglich die Wintersperre am North Rim.
Anders für diejenigen, die zum Fluß hinunter wollen. Im Sommer sind dort Temperaturen bis 48 Grad Celsius zu erwarten. Günstig für Wanderungen sind daher Frühling und Herbst.
Wer es einrichten kann, sollte Besuche während der amerikanischen Schulferien von Mitte Juni bis Anfang September vermeiden. In diesem Zeitraum ist der Andrang am größten und ohne langfristige Vorbestellung keine Unterkunft zu bekommen. Das gleiche gilt für wichtige amerikanische Feiertage wie etwa die Tage um den Memorial Day, der auf den letzten Montag im Mai fällt.
Der Eintritt in den National Park wird pro Auto oder Wohnwagen berechnet, unabhängig von der Zahl der Insassen. Die Eintrittskarte ist für beliebig viele Fahrten in den Park innerhalb einer Woche gültig. Wer während seines Urlaubs in den USA noch andere National Parks oder National Monuments besuchen möchte, sollte den Golden Eagle Pass erwerben, der für beliebig viele Fahrten in diese Gebiete innerhalb eines Kalenderjahres gilt.

ÜBERNACHTEN

HOTELS. Die Hotels und Lodges am South Rim werden von der Firma Grand Canyon National Park Lodges (Fred Harvey Company) betrieben (P.O. Box 699, Grand Canyon, Arizona 86023), die *Grand Canyon Lodge* am North Rim von Grand Canyon Lodge TW Recreational Services (P.O. Box 400, Cedar City, Utah 84720).
Telefonische Zimmerreservierungen können nur Besitzer einer Major Credit Card vornehmen. Dabei sind Aussteller (Mastercard, Visa, American Express usw.) und Nummer der Karte sowie deren Gültigkeitsdauer (»expiration date«) zu nennen. Wer vorhat, spät anzukommen (nach sechs Uhr abends), muß ausdrücklich eine »guaranteed reservation« verlangen. Das Zimmer bleibt dann die ganze Nacht frei,

bei Nichterscheinen wird aber folgerichtig auch der volle Übernachtungspreis abgebucht.
Alle Hotels am South Rim liegen im Grand Canyon Village. Die Zimmer sind wie überall in den USA mit Klimaanlage und Fernseher ausgestattet. Unmittelbar am Canyonrand liegen die Hotels *El Tovar* (die erste Adresse am Platz), *Kachina Lodge, Thunderbird Lodge* und *Bright Angel Lodge*, zu dem auch Cabins, kleine Hütten, gehören. Aufpassen bei der Buchung: Auch in den Hotels in der »ersten Reihe« hat nicht jedes Zimmer Canyonblick.
Die anderen Hotels am South Rim, *Old* und *New Yavapai Lodge, Motor Lodge* und *Maswik Lodge*, liegen zurückgesetzt und können daher von vornherein nicht mit Canyonblick aufwarten. Eine Sonderstellung nimmt die *Phantom Ranch* am Nordufer des Colorado, jenseits der Kaibab-Hängebrücke, ein. Hier werden Matratzenlager und Cabins für bis zu vier Personen angeboten; Plätze und Mahlzeiten müssen vorher reserviert werden.
Außerhalb des Parks gibt es im nur zehn Kilometer vom südlichen Parkeingang entfernten Tusayan, Arizona 86023, einige Hotels, Motels und Lodges, etwa die *Moqui Lodge* (Fred Harvey Company, Adresse siehe oben), das *Quality Inn* (P.O. Box 520) und das *Best Western Grand Canyon Squire Inn* (P.O. Box 130). Sollten alle Zimmer am Canyonrand belegt sein, kann man es auch im *Cameron Trading Post Motel* (Tel. 001-602-679-2231) bei Cameron versuchen, ansonsten muß man nach Williams oder Flagstaff ausweichen, 90 bzw. 125 Kilometer vom Grand Canyon Village entfernt.

CAMPING. Vier Campingplätze, Campgrounds, gibt es im Grand Canyon National Park, einen am North Rim nahe dem Grand Canyon Hotel, zwei andere, *Mather Campground* und *Trailer Village* (speziell für Campingfahrzeuge angelegt), im Grand Canyon Village und einen bei *Desert View* am South Rim. Auf dem Platz bei Desert View ist die Reservierung von Stellplätzen nicht möglich; es empfiehlt sich daher, früh dort zu sein. Für die anderen Plätze ist Reservierung möglich und empfohlen: Ticketron, P.O. Box 62429, Virginia Beach, Virginia 23462. Duschen stehen am North Rim und im Grand Canyon Village zur Verfügung.
Außerhalb des Parks gibt es einfache Campingplätze (ohne Strom, Wasser- und Abwasseranschlüsse) in *De Motte* und *Jacob Lake* und bei *Tusayan* (*Ten-X*).

Die Phantom Ranch am Colorado River, Übernachtungsstation bei der Durchquerung der Schlucht.

ESSEN UND TRINKEN

Feinschmecker-Lokale sind rund um den Grand Canyon nicht zu finden, aber die meisten der genannten Hotels haben Restaurants mit »gutbürgerlicher« Küche. Im eleganten *Hotel El Tovar* kann man in stilvoller Atmosphäre gut essen. Cafeterias und Snack-Bars gibt es im Grand Canyon Village, bei Desert View und bei Hermits Rest. Viele Besucher ziehen zumindest für den Lunch Selbstverpflegung auf einem der zahlreichen, mit schattigen Tischen und Bänken ausgestatteten Picknickplätze vor. Gute Einkaufsmöglichkeiten gibt es im Mather Shopping Center im Grand Canyon Village.

AKTIVITÄTEN

Ziffern im Kreis verweisen auf die Karte auf Seite 48, kursive Ziffern auf Farbabbildungen.

Vom beschaulichen Beobachten des wechselnden Spiels von Licht und Farbe von einem der Aussichtspunkte bei Sonnenaufgang und Sonnenuntergang – vielleicht sogar im Lauf eines ganzen Tages – bis zur sportlichen Durchquerung der Schlucht zu Fuß gibt es am und im Canyon viel zu sehen und zu unternehmen, denn hier werden auch zahlreiche Veranstaltungen angeboten. Informationen darüber erhält man im Visitor Center (siehe Seite 50). Das Programm kann auch schriftlich beim National Park Service, P.O. Box 129, Grand Canyon, Arizona 86023, angefordert werden.
Inzwischen kommen jährlich fast vier Millionen Besucher zum Grand Canyon. 90 Prozent von ihnen beschränken sich auf eine Besichtigungsreise entlang des Canyonrands (siehe Seite 56 f.). Mehr als die restlichen zehn Prozent, derzeit also etwa 400000 Wanderer, Reiter oder Schlauchbootfahrer, kann das Innere der Schlucht kaum verkraften.

WANDERN. Von den insgesamt 19 Wanderwegen in den Canyon werden nur der *Bright Angel Trail* und der *Kaibab Trail* ständig von der Parkverwaltung unterhalten.
Der Bright Angel Trail beginnt beim Grand Canyon Village und führt auf einer Länge von 12,5 Kilometern zur 1370 Meter tiefer gelegenen Phantom Ranch (siehe auch Seite 53) am Nordufer des Colorado, den man auf der 1907 erbauten Kaibab-Hängebrücke (Kaibab Suspension Bridge) überquert. *9*
Der steilere Kaibab Trail fängt bei Yaki Point, rund sieben Kilometer östlich des Grand Canyon Village, an, erreicht nach etwas mehr als elf Kilometern die 1460 Meter tiefer liegende Hängebrücke und führt dann 22 Kilometer weit und 1750 Meter hoch zur Grand Canyon Lodge am

UNTERWEGS IM GRAND CANYON

Eine Wanderung in den Canyon hinunter ist die beste Möglichkeit, seine Flora und Fauna, seine Geschichte und seine Eigenheiten kennenzulernen. Bei der Planung einer solchen Tour gilt es, einige wichtige Gesichtspunkte zu berücksichtigen.

Es liegt auf der Hand, daß eine Durchquerung des Canyon besser am North Rim beginnt, weil dann beim Aufstieg zum South Rim rund 400 Höhenmeter weniger zu überwinden sind als in der umgekehrten Richtung. Neben hervorragender körperlicher Verfassung erfordert diese Unternehmung einen gewissen organisatorischen Aufwand, denn vom Nordrand zum Südrand sind auf dem Wanderweg »nur« 33 Kilometer, auf der Autostraße jedoch 345 Kilometer zurückzulegen. Da es keine Linienbusverbindung zwischen den beiden Punkten gibt, braucht man einen Begleiter mit Auto, um zum Ausgangspunkt der Wanderung zurückzukommen.

Vom Nordrand führt der North Kaibab Trail auf einer Länge von etwa 22 Kilometern hinab in den Canyon. Dort kann man in der Phantom Ranch oder auch auf einem Campingplatz (dem Bright Angel Campground) übernachten. Achtung: Die Unterkunft in der Phantom Ranch sollte mindestens sechs Monate vorher reserviert werden. Für jede Wanderung, die eine Übernachtung im Canyon einschließt, ist eine Wandererlaubnis erforderlich (siehe auch Seite 54), die man sich am besten auch bereits drei bis sechs Monate vorher besorgt. Für die meisten Besucher des Canyon ist der Südrand zugleich Ausgangs- und Zielpunkt einer Wanderung. Von hier aus führen zwei ständig unterhaltene Wege hinunter in die Schlucht, deren Vor- und Nachteile gegeneinander abzuwägen sind:

Der Bright Angel Trail beginnt am zentral gelegenen Grand Canyon Village. Dort sind auch Langzeit-Parkplätze vorhanden. Mit einer durchschnittlichen Breite von eineinhalb Metern ist der Bright Angel Trail besser ausgebaut als der zweite Weg, der Kaibab Trail. Er ist zwar mit 12,5 Kilometern um anderthalb Kilometer länger, dafür sind aber bis zur Kaibab-Hängebrücke fast 100 Höhenmeter weniger zu überwinden – der Bright Angel Trail ist also weniger steil als der Kaibab Trail. Allerdings wird genau daher dieser Weg auch von den Maultierkarawanen begangen. Unangenehm kann eine Begegnung mit ihnen vor allem dann werden, wenn sie an einem in den Steilhang geschnittenen Wegstück stattfindet. Für diesen Fall gilt nämlich die Regel, daß die Tiere an der Bergseite bleiben dürfen – der Wanderer also direkt am Abgrund entlang gehen und hoffen muß, daß nicht ein Maultier plötzlich einen Schritt zur Seite tut.

Empfohlen wird meist, für den Abstieg den steilen, trockenen Kaibab Trail zu benutzen, für den Rückweg jedoch den Bright Angel Trail, an dem es Schatten und Wasser gibt.

Wie viel Zeit man für den Weg hinunter und zurück oder für die Durchquerung des Canyon rechnen muß? Es kommt ganz auf die Kondition an: Die Rekordzeit für die Durchquerung auf dem Kaibab Trail steht bei knappen vier Stunden, eine für 33 Kilometer und insgesamt 3210 Höhenmeter nahezu unvorstellbare Leistung. Gut durchtrainierte Wanderer können, wenn sie früh genug aufbrechen, den Weg zum Fluß und zurück an einem Tag bewältigen. Zum Verweilen, Schauen und Fotografieren bleibt dann aber wenig Zeit. Besser ist es, Hin- und Rückweg auf zwei bis vier Tage zu verteilen. Biwak-Plätze auf halber Strecke sind vorhanden. Nicht vergessen sollte man, daß am Canyongrund Wüstenklima herrscht! Neben angemessenem Schuhwerk und einer guten Landkarte gehören daher auch eine Kopfbedeckung und eine ausreichend große Wasserflasche zur Ausrüstung.

Der Aufwand lohnt sich jedoch, denn der Abstieg in den Canyon gehört zu den Erlebnissen, die für immer unvergeßlich bleiben.

Helmut Friedrich

Kaibab-Hängebrücke am South Kaibab Trail.

Auf dem steilen South Kaibab Trail findet der Wanderer weder Schatten noch Wasser.

Maultierausflug in den Grand Canyon. Der Rückweg führt meist über den Bright Angel Trail (unten), bei Zweitagestouren auch über den Kaibab Trail (oben).

North Rim hinauf. Er ist der einzige Weg, der den Canyon durchquert. *16/17, 23, 24, 25, 27*

Weitgehend eben ist der *Rim Trail*. Er führt von Yavapai Point am South Rim bis Hermits Rest 14,5 Kilometer am Canyonrand entlang. Nahezu eben ist auch der *Widforss Trail* am North Rim, der acht Kilometer an einem Transept genannten Seitencanyon entlang durch den Wald zum Widforss Point (2403 Meter) führt, von wo aus man in den Hauptcanyon sehen kann. Für diese Wege ist keine Wandererlaubnis erforderlich.

Für die besonders ambitionierten Wanderer sei noch der *Tonto Trail* erwähnt, ein Weg auf dem Tonto-Plateau oberhalb der Inner Gorge von 115 Kilometer Länge, auf dem es weder Schatten noch Wasser gibt! Auskünfte zu diesem und anderen Wegen beim Backcountry Reservation Office, P.O. Box 129, Grand Canyon, Arizona 86023. Alle Wanderer, die in den Canyon hinabsteigen und dort übernachten wollen, benötigen eine Wandererlaubnis, die im Backcountry Reservation Office kostenlos erteilt wird, aber nur an diejenigen, deren Ausrüstung den Anforderungen genügt. Dabei ist besonders die Größe der Wasserflaschen interessant. Als absolutes Minimum gilt ein Vorrat von vier Litern pro Person. Wissen muß man dazu, daß der Mensch in der trockenen Hitze des Canyon bis zu acht Liter Wasser am Tag verdunstet.

Die Rangers sind ermächtigt, Personen, deren Konstitution ihnen nicht geeignet erscheint, die Wandererlaubnis zu verweigern. Offensichtlich sind die Parkwächter aber bei der Beurteilung der körperlichen Verfassung der Touristen recht großzügig, denn zu häufig fordern erschöpfte Wanderer Hilfe an.

Sie kommt in einem solchen Fall in Gestalt von zwei Maultieren und einem Maultierführer. Die »Rettung« erfolgt jedoch, nach schlechten Erfahrungen mit angeblich zahlungsunfähigen Opfern, nur gegen Vorauskasse. Angesichts der Alternative, sonst liegengelassen zu werden, gibt es jedoch selten Probleme mit der Zahlungsmoral. Daß eine solche Rettungsaktion nicht billig sein kann, liegt auf der Hand. Noch teurer käme das Ausfliegen mit dem Hubschrauber, was aber nur in Notfällen, etwa bei schweren Verletzungen, die schnelle ärztliche Versorgung erfordern, zugelassen ist. Die nicht mehr unterhaltenen Pfade oder Trails können streckenweise sehr gefährlich sein: Wanderer, die diese Wege gehen wollen, müssen nachweisen, daß sie bereits den Kaibab- oder den Bright Angel Trail zurückgelegt haben, sie müssen einen genauen Zeitplan für ihre Wanderung hinterlegen und vor allem die geplante Zeit der Rückkehr angeben. Diese Trails sind reizvoll für wandererfahrene Besucher, die den Canyon bereits gut kennen, da sie eine Fülle neuer Eindrücke bieten. Einige führen an aufgelassenen Kupfer-, Silber-, Asbest-, Blei-, sogar Platinminen vorbei, von denen allerdings keine jemals wirklich rentabel war – kein Wunder bei dem mühsamen und teuren Transport der Erze aus dem Canyon. Einigermaßen wirtschaftlich war nur der Fledermausguano-Abbau in einer riesigen Höhle im Westen des Grand Canyon, für den sogar eine der längsten Seilbahnen der Welt gebaut wurde.

REITEN. Sicherlich ist Reiten weniger anstrengend als Gehen, aber »mühelos« darf man sich einen Ritt in den Canyon auch nicht vorstellen. So mancher »Reiter« legt den Weg in den Canyon hinunter lieber zu Fuß zurück.

Der Reitweg, der Bright Angel Trail, führt zuweilen hart an entsetzlichen Abgründen vorbei. Nicht schwindelfreien Reitern müssen an diesen Stellen zuweilen Säcke

über den Kopf gestülpt werden und sie selbst müssen auf ihren Reittieren festgebunden werden.
Wissen sollte man auch, daß die Reihenfolge innerhalb der Reiterkarawane nicht gewechselt werden und nur auf ein entsprechendes Zeichen des Karawanenführers angehalten werden darf. Die Reiter müssen mindestens zwölf Jahre alt sein, dürfen nicht mehr als 90 Kilo wiegen und inklusive Fotoausrüstung nicht mehr als fünf Kilo Gepäck mitführen. Angeboten werden Exkursionen von zwei Stunden bis drei Tagen Dauer. Alleiniger Veranstalter ist die Fred Harvey Company, P.O. Box 699, Grand Canyon, Arizona 86023. Die Reservierung sollte möglichst ein Jahr im voraus erfolgen.
Maultierritte in den Canyon werden auch vom North Rim aus angeboten. Reservierung für diese weniger stark gefragten Touren in der Grand Canyon Lodge.

KLETTERN. Der Grand Canyon bietet auch gute Klettermöglichkeiten, zum Beispiel auf die isoliert aufragenden Tafelberge Vishnu und Zoroaster Temple. Klettertouren gehören in den Bereich der »Backcountry Trips«. Vor einer solchen Unternehmung ist eine eingehende Besprechung des Vorhabens mit der Parkverwaltung erforderlich, um die dafür unerläßliche Genehmigung zu erhalten.

BOOTFAHREN. Ein besonderes Erlebnis ist eine Schlauchbootfahrt auf dem Colorado. Sie ist weniger anstrengend als ein Ritt oder ein Fußmarsch (lediglich in den bis zu zehn Meter tiefen Stromschnellen wird man zuweilen tüchtig durchgeschüttelt) und bietet ein einzigartiges Landschaftserlebnis: Die Fahrten mit den unsinkbaren Schlauchbooten sind die einzige Möglichkeit, die Inner Gorge aus der Nähe zu sehen, den Abschnitt des Canyon, in dem sich der Colorado tief in den harten Vishnu-Schiefer (zwei Milliarden Jahre altes Gestein) gegraben hat.
Vorschrift ist es, eine Schwimmweste zu tragen, bei der Enge in den dicht besetzten Booten und den sommerlichen Temperaturen im Canyon keine verlockende Aussicht. Aber dank dieser Vorsichtsmaßnahme hat es seit Beginn der kommerziellen Bootsfahrten, obwohl bereits einige Boote gekentert sind, noch keinen tödlichen Unfall gegeben. Da die großen Schlauchboote von Außenbordmotoren angetrieben werden und stets mehrere Boote hintereinander fahren, müssen alle Insassen, außer denen des ersten Bootes, einige Abgase einatmen. Doch dies vermag das Vergnügen nur wenig zu beeinträchtigen, ebenso wie die Tatsache, daß eine solche Fahrt manchmal reichlich naß sein kann. Neben den Schlauchbootfahrten werden auch Fahrten in einfachen Ruderbooten angeboten, von eintägigen Schnuppertouren bis zur zehntägigen Fahrt von Lee's Ferry zum Lake Mead. Auskünfte und Reservierungen: Fred Harvey Transportation Company, P.O. Box 709, Grand Canyon, Arizona 86040.
Vor allem die Fahrt von Lee's Ferry bis zum Lake Mead ist so beliebt, daß auch hier wieder ein Jahr im voraus gebucht werden sollte. Da die Zahl der Bootstouristen auf rund 50 000 im Jahr begrenzt wurde, wird sich mit den ständig steigenden Besucherzahlen die Buchungsfrist noch verlängern.

Oben: Besonders eindrucksvoll zeigt sich die Canyonlandschaft bei einer Schlauchbootfahrt.
Unten: Der Colorado River stellt auch für geübte Kajakfahrer eine Herausforderung dar.

RUNDFLÜGE. Aus einer wieder anderen, ebenfalls aufregenden Perspektive kann man den Grand Canyon bei einem Rundflug kennenlernen. Flüge durch die Schlucht (»under the rim«, also unterhalb des Canyonrands) sind auf Grund einiger tragischer Unfälle, darunter auch Zusammenstöße zwischen Propellerflugzeugen und Hubschraubern, inzwischen leider verboten. Diese wahrhaft atemberauben-

den Flüge können allerdings auf einer riesigen Leinwand im IMAX-Kino in Tusayan realitätsnah nacherlebt werden.
Es werden Gruppen- und individuelle Flüge mit Propellerflugzeugen und Hubschraubern (alle mit guten Aussichtsmöglichkeiten) ab Las Vegas, Phoenix (Scottsdale), Page und Tusayan angeboten. Reservierung: Scenic Airlines, Las Vegas, Nevada oder Scottsdale, Arizona; Lake Powell Air, Page, Arizona; Grand Canyon Airlines und Grand Canyon Helicopters, beide in Tusayan, Arizona.

Der Watchtower bei Desert View.

AUSSICHTSPUNKTE UND SEHENSWÜRDIGKEITEN

SOUTH RIM. Den Südrand der Schlucht erreicht man, von Williams oder Flagstaff kommend, am Grand Canyon Village, von Page aus (oder auch von Flagstaff, auf dem State Highway 64, mit einem kleinen Umweg über Cameron) bei Desert View.
Empfehlenswert ist es, die entlang des südlichen Canyonrands führende Besichtigungstour bei Desert View zu beginnen. So hat man gleich zu Anfang einen der schönsten Ausblicke auf die Schlucht und den Colorado, der im weiteren Verlauf oft nicht mehr zu sehen ist, und erreicht das große und hektische Grand Canyon Village erst später (praktisch ist dabei auch, daß man sich bereits auf der »richtigen« Straßenseite befindet, so daß man zu allen folgenden Aussichtspunkten nur noch nach rechts abzubiegen braucht).

Eine besonders schöne Sicht auf die Steilabbrüche der Schlucht und den Colorado River gewähren die Aussichtspunkte Moran Point (oben) und Lipan Point (unten).

Zwischen Desert View am Beginn des East Rim Drive und Hermits Rest am Ende des West Rim Drive liegen elf weitere »offizielle« Aussichtspunkte, von denen jeder für sich den Besuch lohnt und die in ihrer Reihenfolge entlang dieser Strecke kurz beschrieben werden sollen. *2, 6/7, 19, 29, 31, 44/45*

Desert View ①. Hier hat man vom *Watchtower*, einem etwa 20 Meter hohen Aussichtsturm, einen grandiosen Blick in die Längsrichtung des Canyon. Der Turm ist zwar kein historisches, von Indianern errichtetes Gebäude – er entstand erst 1932 –, doch ist er alten Schutz- und Lagerbauten der Indianer nachempfunden. Im Inneren befindet sich eine Verkaufsausstellung indianischer Handarbeiten und Kunstwerke. *4/5*

Lipan Point ②, der nächstgelegene Aussichtspunkt am East Rim Drive, bietet eine besonders schöne Sicht in den östlichen Teil des Canyon.
Im nahegelegenen *Tusayan Museum* sind zahlreiche den alten Indianerkulturen dieser Region zugehörige Fundstücke und, nicht weit vom Museumsgebäude entfernt, ein freigelegter Pueblo der Anasazi-

Von jedem der Aussichtspunkte bieten sich dem Besucher neue, faszinierende Perspektiven: Yaki Point (oben) und Mather Point (unten).

Indianer (den früheren Bewohnern des Colorado-Plateaus) aus dem 12. Jahrhundert n. Chr. zu besichtigen.

Moran Point ③. Von hier aus sind die *Hance Rapids* – gefürchtete Stromschnellen des Colorado mit einem Gefälle von zehn Metern – zu sehen.

Grandview Point ④ eröffnet den vielleicht schönsten Blick vom Südrand aus. Ein Besuch des Aussichtspunkts lohnt sich!

Yaki Point ⑤. Von diesem Aussichtspunkt aus ist die dunkle *Granite Gorge* (Granitschlucht), auch *Inner Gorge* (innere Schlucht) genannt, sichtbar, die tiefste Stelle des Canyon, dort, wo sich der Colorado in zwei Milliarden alte Gesteinsschichten, den Vishnu-Schiefer, gegraben hat. Von hier aus hat man auch einen guten Blick auf den *Kaibab Trail* und den in der Ferne gelegenen *Bright Angel Trail* (siehe Seite 52 f.).

Mather Point ⑥ ist der erste Aussichtspunkt, den Besucher erreichen, die über den Südeingang in den Grand Canyon National Park kommen. Wer genau hinsieht, kann auch von hier aus den *Bright Angel Trail* erkennen sowie die *Phantom Ranch* am Bright Angel Creek. *13*

Yavapai Point ⑥, wie Mather Point in unmittelbarer Nähe des *Grand Canyon Village* ⑦ gelegen, bietet einen der «klassischen» Blicke in die Tiefen der Schlucht. Hier befindet sich auch das schon erwähnte *Yavapai Point Museum* (siehe Seite 50) und das *Visitor Center.* Das ausgesprochen sehenswerte Museum ist vor allem der Entstehung und Geologie des Canyon gewidmet.

Bright Angel Creek nahe der Phantom Ranch.

Nach dem belebten Grand Canyon Village, dem Hauptort am South Rim, führt der West Rim Drive, der allerdings in der Hochsaison für Privatautos gesperrt ist, weiter am Canyonrand entlang. Die Strecke von der nahe gelegenen Bright Angel Lodge bis zum Endpunkt der Straße, Hermits Rest, befährt auch ein kostenloser Pendelbus, der an jedem «offiziellen» Aussichtspunkt hält.

Trailview Overlook ⑧. Hier fällt der Blick auf den *Bright Angel Trail* und die dort fröhlich hinabgehenden und müde heraufstapfenden Wanderer.

Maricopa Point ⑨. Von hier aus hat man einen guten Blick auf den westlichen Teil des Canyon. Unweit davon, am *Powell Point*, steht ein *Denkmal für John Wesley Powell*, den Erforscher des Colorado. Naht der Sonnenuntergang, lohnt es sich jedoch, schnell weiterzufahren. *37*

Blick von Hopi Point: zerklüftete Schluchtlandschaft, so weit das Auge reicht.

Hopi Point ⑨, der weit in die Schlucht ragende nächste Aussichtspunkt, ist mit der beste Platz, um das faszinierende Farbenspiel bei Sonnenaufgang und -untergang zu beobachten. *36*

Mohave Point ⑩. Hinter diesem Aussichtspunkt führt die Straße an *The Abyss* («abyss»: Abgrund) vorbei, einer Stelle, an der es nahezu 900 Meter senkrecht in die Tiefe geht.

Pima Point ⑩ bietet noch einmal einen Blick auf den gewundenen Lauf des Colorado. Hier kann man, wenn es ruhig ist, auch das Getöse der berüchtigten *Granite Rapids* hören.

Hermits Rest ⑪ ist der Endpunkt der Straße, so genannt, weil hier ein franko-kanadischer Einsiedler («hermit»: Einsiedler) 20 Jahre lang gelebt hat. Heute gibt es an diesem Ort einen Souvenir-Kiosk und eine Snack-Bar.

NORTH RIM. Nur zehn Prozent der Parkbesucher finden den Weg zum Nordrand des Canyon. Das mag daran liegen, daß von Los Angeles oder Phoenix aus der Weg rund 350 Kilometer länger als zum Südrand ist. Oder daran, daß es sich herumgesprochen hat, daß dort der Blick in den Canyon vielleicht weniger eindrucksvoll als von der gegenüberliegenden Seite aus ist. Tatsächlich ist der Colorado vom North Rim weiter entfernt und weniger gut zu sehen als vom South Rim. Dafür finden sich jedoch am North Rim Orte der Ruhe und Einsamkeit, die es am South Rim kaum noch gibt. *32/33*
Zum North Rim gelangt man von Kanab, Utah, oder Page, Arizona, über die Highways 89, die sich bei Jacob Lake zum Highway 67 vereinigen. Diese Strecke endet an der *Grand Canyon Lodge*, dem einzigen Hotel am Nordrand. Einige Kilometer vor diesem Endpunkt zweigt nach links die Straße zu den Aussichtspunkten *Point Imperial* ⑫, *Vista Encantadora* ⑬, *Walhalla Overlook* ⑭ und *Cape Royal* ab.

Cape Royal ⑮ bietet wohl den eindrucksvollsten Ausblick. Der knapp ein Kilometer lange Fußweg vom Parkplatz zum Aussichtspunkt führt an *Angel's Window* vorbei, einer Steinbrücke, durch die der Colorado wie durch ein Fenster im Fels zu sehen ist. Im Vordergrund ragen majestätische Tafelberge mit klangvollen Namen wie Vishnu Temple, Wotans Throne und Zoroaster Temple auf; die Aussicht reicht bis zum Navajo Mountain.

Point Sublime ⑯. Noch vor der Abzweigung zu den vier Aussichtspunkten geht nach rechts eine Schotterstraße dorthin ab, ein lohnender Ausflug, für den man jedoch genügend Zeit mitbringen sollte: Hin- und Rückfahrt auf der rund 30 Kilometer langen Piste kosten nahezu einen halben Tag.

Toroweap ⑰. Ähnlich wie der Havasu Canyon ist dieses (auch Tuweep genannte) Gebiet am Nordrand des Grand Canyon nur nach langer Fahrt auf einer noch dazu nicht asphaltierten Straße zu erreichen. Drei Straßen führen dorthin, ab Fredonia, Arizona (105 km), zwei Stunden, ab St. George, Utah (145 km), drei Stunden, und ab Colorado City, Arizona (90 km). Da letztere meist in schlechtem Zustand ist, ist hier keine Zeitangabe möglich. Empfehlenswert ist die Route ab Fredonia, die vom Highway 389 westlich von Fredonia nach Süden abzweigt.
Der Ausblick, der sich am Aussichtspunkt Toroweap Overlook bietet, ist einmalig im Grand Canyon. Senkrecht fallen die Fel-

sen zum Colorado ab, der in 900 Meter Tiefe rauscht und von hier aus kilometerweit zu überblicken ist. Auch die Lava Fall Rapids sind zu sehen, die zu den gefährlichsten Stromschnellen im Grand Canyon gehören, und Lavareste aus der Zeit der regen Vulkantätigkeit in der Schlucht vor etwa einer Million Jahren. Damals waren durch die Lavaströme, die sich in den Canyon ergossen, hohe Dämme entstanden, von denen einer den Colorado über 300 Kilometer weit gestaut hatte.

Die Indianersiedlung im Havasu Canyon.

Vorsicht: Am senkrecht abfallenden Felsrand gibt es kein Geländer, nicht schwindelfreie Besucher treten besser nicht zu nahe an den Abgrund. Am Aussichtspunkt befindet sich ein kleiner Campingplatz, auf dem es allerdings keine «Services», also auch kein Wasser, gibt. Doch eine Übernachtung lohnt sich: Bei Sonnenaufgang leuchten die Felswände tiefrot, während der Fluß noch in geheimnisvollem Dunkel liegt.
Gegen zehn Uhr vormittags kann man dann die großen Schlauchboote der Colorado-Expeditionen über die Lava Fall Rapids tanzen sehen.

HAVASU CANYON ⑱. Obwohl seit 1979 nicht mehr innerhalb der Grenzen des National Parks gelegen (siehe Seite 49), ist der Havasu Canyon, ein besonders schöner Seitencanyon des Colorado, ein Teil des Grand Canyon, der für Touristen von besonderem Interesse ist.
Wer die Kosten nicht scheut und lange genug vorgebucht hat (Veranstalter siehe Seite 56), kann mit dem Helikopter von Tusayan nach *Supai*, dem kleinen Dorf im Havasu Canyon, fliegen. Auch Reiter oder Wanderer – Motor- und selbst Fahrräder sind nicht zugelassen – müssen sich rechtzeitig anmelden, um Reittier oder Unterkunft zu reservieren (Havasupai Tourist Enterprise, Supai, Arizona; Havasupai Lodges, Supai, Arizona).
Die Anreise erfolgt zunächst mit dem Auto: Von Flagstaff 120 Kilometer auf der I-40 bis Seligman, dann 40 Kilometer auf der historischen Route 66 bis zu den Grand Canyon Caverns, wo sich die letzte Tankstelle befindet, und kurz dahinter auf der durchgehend asphaltierten Straße 18 100 Kilometer nach Norden zum Ende dieser Straße, Hualapai Hilltop genannt, 1585 Meter über dem Meer. Hier, an der Endstation für das Auto, beginnt nun die eigentliche Tour. Zum Besuch des Havasu Canyon muß eine Eintrittskarte («trail pass») gelöst werden. Bis zu dem 800 Meter tiefer gelegenen Ort Supai sind volle zwölf Kilometer zu Fuß, mit Maultier oder Pferd zurückzulegen.
Dort kann man entweder im mitgebrachten Schlafsack oder Zelt übernachten, es gibt aber auch ein recht komfortables Hotel mit 24 Zimmern für jeweils bis zu vier

Oben: Von Point Imperial am North Rim aus fällt der Blick auf gewaltige, wild zerklüftete Tafelberge. Unten: Blick von Toroweap Overlook auf den schmalen Flußlauf in der Tiefe.

Gäste. Vorherige Reservierung (Anschrift S. 59) ist äußerst ratsam.
In Supai gibt es auch eine sogenannte «Eatery», eine Cafeteria, in der neben den «obligatorischen» Burgers auch indianische Speisen angeboten werden. Achtung: Die Cafeteria schließt abends bereits um 19 Uhr. Wie in allen Indianer-Reservaten in Amerika herrscht auch in der Havasupai Indian Reservation striktes Alkoholverbot; das Mitbringen und der Genuß von «Feuerwasser» ist also nicht erlaubt.
Unterhalb von Supai liegen die Wasserfälle, die den Canyon berühmt gemacht haben: *Navajo Falls*, *Havasu Falls*, *Mooney Falls* und *Beaver Falls*. Unterhalb der Havasu Falls wird der Weg teilweise steil, glitschig und eng; für diesen Abschnitt sind gute Schuhe nötig. Vom letzten der Wasserfälle, den Beaver Falls, sind es nur noch fünf Kilometer bis zur Mündung des Havasu Creek in den Colorado, der Pfad endet jedoch hier. *38, 39*

AUSFLÜGE

Wer den langen Flug in den Westen der USA unternimmt, wird sein Besichtigungsprogramm nicht auf den Grand Canyon beschränken, sondern ihn auf einer Rundreise besuchen wollen. Für den, der die Umgebung der Schlucht besser kennenlernen möchte, bieten sich jedoch die Kleinstädte Flagstaff und Page als Stützpunkt für interessante Tagesausflüge an.

AUSFLUGSZIELE AB FLAGSTAFF. Diamond Creek. Bei Peach Springs, an der I-40, zweigt nach Norden eine Schotterstraße, die Diamond Creek Road, ab. Sie endet nach rund 30 Kilometern am Diamond Point. Früher Standort eines einfachen Hotels, das 1914 abbrannte, ist der Ort *Diamond Point* heute «nur» noch eines der wenigen mit dem Auto erreichbaren Ziele am Ufer des Colorado, ein Ort in der Hualapai Indian Reservation, in dem man Ruhe und Einsamkeit finden kann. Für das Befahren der Straße ist eine (kleine) Gebühr zu entrichten, zuvor ist es ratsam, sich in Peach Springs über den aktuellen Straßenzustand zu informieren.

Lee's Ferry. Eine weitere der seltenen Möglichkeiten, das Ufer des Colorado mit dem Auto zu erreichen, gibt es bei Lee's Ferry. An diesem Ort, bei dem heute der Grand Canyon National Park beginnt, richtete 1873 John D. Lee, ein «Outlaw» aus dem Mormonenkrieg, eine Fähre über den Colorado ein, zunächst mit einem ausgemusterten Boot der Powell-Expedition. Heute starten hier die Colorado-Schlauchboot-Expeditionen. In der näheren Umgebung finden sich riesige pilzförmige Steine; sehenswert ist dort auch die filigrane *Navajo Bridge* über den Colorado, die jeder passieren muß, der vom einen zum anderen Rand des Canyon fahren will.

Oben: Riesige pilzförmige Steinformationen in der Nähe von Lee's Ferry. Unten: Im Petrified Forest National Park finden sich etwa 200 Millionen Jahre alte versteinerte Baumstämme.

Meteor Crater. Bei Winslow, rund 80 Kilometer östlich von Flagstaff, südlich der I-40, liegt einer der größten und besterhaltenen Meteorkrater der Erde. Vor etwa 22 000 Jahren schlug hier ein 60 000 Tonnen schwerer Nickel-Eisen-Meteorit mit einer Geschwindigkeit von rund 45 000 Stundenkilometern ein. Schätzungsweise 500 Millionen Tonnen Gestein wurden hochgeschleudert. Der Krater mißt im Durchmesser 1265 Meter und ist 175 Meter tief.

Oak Creek Canyon. 40 Kilometer südlich von Flagstaff führt der Highway ALT 89 in ein romantisches Tal mit zahlreichen Gewässern, Nadelbäumen und roten Felsen. Im Zentrum des Tals liegt die Künstlerkolonie *Sedona*.

Oben: Beschauliche Fahrt im Hausboot auf dem Lake Powell. Unten: Ruine eines Pueblos, einem der über 800 prähistorischen Bauten des Wupatki National Monuments.

Petrified Forest National Park. Dieser National Park ist Teil des Painted Desert genannten Abschnitts der Mojave-Wüste, dessen Randgebiete von Desert View am South Rim aus zu sehen sind. Hier finden sich farbige Ton- und Lehmhügel, in denen die größte Anzahl versteinerter Baumstämme liegt, die man weltweit kennt, und die oftmals noch fast vollständig erhalten sind. Die Stämme sind etwa 200 Millionen Jahre alt. Im Lauf der Zeit wurde das organische Material der in Sümpfe gestürzten, später mit Schlamm bedeckten Bäume durch Kieselsäure ersetzt, die in den Zellen des Holzes winzige Quarzkristalle bildete. Viele der versteinerten Bäume gehören als Araucaria zur Gruppe der Koniferen. Entfernte Verwandte der Araucaria wachsen als Araucarioxyla noch heute in Südamerika, Australien und Neuseeland. Der Petrified Forest liegt direkt an der I-40, rund 150 Kilometer östlich von Flagstaff.

Walnut Canyon National Monument. 15 Kilometer östlich von Flagstaff, nahe der I-40, praktisch noch im Stadtgebiet liegt der Walnut Canyon. Unter steilen Felsüberhängen sind hier über 300 Pueblos der Sinagua-Indianer aus dem 12./13. Jahrhundert zu sehen. Die Aussichtspunkte sind auf asphaltierten Wegen leicht erreichbar.

Wupatki National Monument. An einer östlichen Nebenstrecke des Highway 89 zwischen Flagstaff und Grand Canyon liegt eine jahrhundertealte Indianersiedlung. Hier sind Reste von Pueblos der Anasazi aus der präkolumbianischen Zeit (12./13. Jahrhundert), auch mehrgeschossige Gebäude sowie ein Ballspielplatz zu sehen, der den Archäologen lange Zeit Rätsel aufgab. Durch die vom nahegelegenen Sunset-Vulkan im *Sunset Crater* (ebenfalls ein interessantes Ausflugsziel) ausgeworfene fruchtbare Asche fanden sich hier einst günstige Siedlungsbedingungen.

AUSFLUGSZIELE AB PAGE. Lake Powell. Der durch Aufstauung des Colorado River entstandene See überschwemmte den vorher kaum bekannten Glen Canyon (siehe Seite 14 f.). Mit einer Fläche von 660 Quadratkilometern und einer Uferlänge von 3140 Kilometern ist er einer der größten Stauseen der Welt. Neben seiner eigentlichen Bestimmung – der Regulierung und Energieausbeutung des Colorado – ist der Lake Powell ein zunehmend beliebter Tummelplatz für Motor- und Hausboote aller Größen. Die frühere Bauarbeitersiedlung Page, nur wenige Kilometer vom See entfernt, ist heute ein Touristenzentrum ersten Ranges. Fünf große Häfen (Marinas) gibt es an diesem See: Wahweap, Dangling Rope, Bullfrog, Hite und Hall's Crossing. Hier können Hausboote (Houseboats) und Motorboote gemietet werden.
Die beschaulichste und erholsamste Art, den Lake Powell mit seinen 96 Seitencanyons kennenzulernen, ist sicherlich, ihn mit einem Hausboot zu befahren. Für die Hochsaison (Juli bis Anfang September) sollte man es aber schon mindestens ein Jahr vorher gebucht haben.
Hausboote sind langsam, haben wenig Tiefgang und sind somit empfindlich gegen hohe Wellen, wie sie von schnellen Booten erzeugt werden. Diese müssen jedoch Rücksicht nehmen. Mit Aufenthaltsraum, mehreren Schlafzimmern, Duschen, Kühlschränken, Fernsehern und Klimaanlagen bieten Hausboote hohen Komfort. Je nach Größe des Boots haben sechs, zehn oder zwölf Personen Platz. Zum Steuern des Boots ist keine Lizenz erforderlich, die Vermieter begnügen sich mit einer kurzen Einweisung. Ein Hausboot sollte mindestens für eine Woche ge-

EIN ZU STEIN GEWORDENER REGENBOGEN

Es wäre müßig, darüber zu streiten, welches der Naturwunder, die der Colorado und seine Nebenflüsse geschaffen haben, das schönste sei – daran, daß die Rainbow Bridge etwas Einmaliges ist, gibt es jedoch keinen Zweifel.

Für die Navajo-, Ute- und Paiute-Indianer war und ist «Nonnezoshi», der Regenbogen aus Stein, ein Gegenstand besonderer Verehrung. Für sie ist er ein Wächter, ein Bewahrer des Universums. Von den Weißen wurde die größte und schönste Natursteinbrücke der Welt – sie hat eine Spannweite von 84 und eine Höhe von 88 Metern, an ihrer höchsten Stelle ist sie fast 10 Meter breit – erst 1909 «entdeckt». In diesem Jahr starteten rein zufällig zur gleichen Zeit zwei Expeditionen: die von Byron Cummings, einem Archäologen an der Universität von Utah, und John Wetherill, dem Besitzer einer Handelsniederlassung bei Oljeto in Arizona (ihr Führer war Nasja Begay vom Stamm der Paiute), und die von William Douglass mit dem Führer Jim Mike vom Stamm der Ute. Beide Gruppen erfuhren voneinander, schlossen sich zusammen und erreichten nach einem mühseligen und gefährlichen Ritt am 14. August 1909 die Rainbow Bridge. Das Ende der Expedition geriet zur Posse. Douglass war fest entschlossen, als erster durch die Brücke zu reiten, sah sie aber nicht sofort. Wetherill hatte die besseren Augen, gab seinem Pferd die Sporen, überholte Douglass und rief sich zum Entdecker der Brücke aus. Auch unter den beiden Indianern entbrannte Streit darüber, wer von ihnen die Expedition schließlich zur Brücke geführt habe.

Oben und unten: Einst Kultstätte der Indianer – die majestätische Rainbow Bridge.

Bereits ein Jahr später wurde die Rainbow Bridge vom damaligen Präsidenten der USA, William H. Taft, zum National Monument erklärt.

Die Geologen unterscheiden zwischen «Arches» (Bögen), die durch Erosion ohne die Einwirkung von Wasser entstanden, und «Bridges» (Brücken), die durch sedimentführendes fließendes Wasser geformt wurden. Wie der Name sagt, wird die Rainbow Bridge den Brücken zugeordnet. Ihre Entstehung stellt man sich so vor: Ehe vor schätzungsweise 60 Millionen Jahren die Hebung des Colorado-Plateaus begann, flossen in einer Tiefebene die Flüsse in trägen Mäandern. Mit der Hebung des Geländes beschleunigte sich ihr Lauf, gruben sie sich immer tiefer in die Erde. Dabei verjüngte sich eine zwei Flußschleifen trennende Felswand so weit, daß sie durchbrach, der Fluß sich ein neues Bett grub und die Durchbruchstelle so weit vergrößerte, daß eine Brücke entstand. Eine wichtige Voraussetzung zur Entstehung der Rainbow Bridge war aber auch die Beschaffenheit des sogenannten Navajo-Sandsteins, eines brüchigen, porösen Gesteins, das zum Abblättern neigt. Dieser Eigenschaft verdanken auch die riesigen Grotten in der Nähe der Rainbow Bridge ihre Entstehung oder die Bögen im Arches National Park. Genau genommen ist mit diesen Entstehungsvoraussetzungen die Rainbow Bridge also beides – eine Brücke und ein Bogen …

Helmut Friedrich

mietet werden. Wer nicht soviel Zeit für den Lake Powell erübrigen will, kann auf einer Halbtagstour von Wahweap Marina aus mit hochseetüchtigen, 1600 PS starken Schnellbooten in vier Stunden hin und zurück zur 80 Kilometer entfernten *Rainbow Bridge* fahren (siehe auch Seite 62).
Auch als Ganztagstour wird diese Fahrt durchgeführt und bietet neben dem Besuch der Rainbow Bridge (Aufenthalt bei dieser Tour eine Stunde, bei der Halbtagstour nur 30 Minuten) auch Abstecher in beängstigend enge, ungemein reizvolle Seitencanyons. Die Kapitäne machen sich einen Spaß daraus, das Boot so weit in die sich verengenden Canyons hineinzusteuern, bis es knirschend an den steilen Felswänden anliegt, zum Erschrecken der Passagiere.
Mit dem Auto können nur wenige Uferstellen des Lake Powell erreicht werden, nicht einmal alle der oben erwähnten Häfen: Dangling Rope Marina ist nur auf dem Seeweg zugänglich. Auch Rundflüge über den Lake Powell werden in Page angeboten. Interessant auch deshalb, weil man dabei auch auf die Tafelberge (Buttes) im See sehen kann, auf deren kleinen, senkrecht abfallenden Plateaus in zahlreichen Spiel- und Werbefilmen mit Bösewichten besetzte Autos abgesetzt wurden. Auskünfte: National Park Service, Glen Canyon Recreation Area, P.O. Box 1507, Page, Arizona 860 40 und Carl Hayden Visitor Center, unmittelbar am Glen Canyon Dam, sowie bei Bullfrog Marina.
Hotel-, Hausboot- und Ausflugsreservierungen: Lake Powell Resorts & Marinas ARA Leisure Services, 2916 N. 35th Avenue, Suite 8, Phoenix, Arizona 85017-5261. *40/41*

Oben: Die Owachomo Bridge, eine der drei Steinbrücken des Natural Bridges National Monument. Unten: Die engen Kehren (Goosenecks) des San Juan River, eines Nebenflusses des Colorado.

Monument Valley Navajo Tribal Park. Innerhalb der Navajo Indian Reservation teilweise in Utah, zum größten Teil aber in Arizona, etwa 180 Kilometer östlich von Page liegt das Monument Valley, weltweit bekannt geworden als Schauplatz vieler Western. In das Monument Valley führt eine für Selbstfahrer freigegebene Schotterstraße (Länge der Rundfahrt etwa 28 Kilometer). Ein weiterer, gleich langer Schotterstraßen-Rundkurs kann nur mit Führer und Geländewagen befahren werden. Wanderungen sind nicht gestattet. Das Monument Valley vermittelt zu jeder Tageszeit Eindrücke erhabener Größe, die sich bei Sonnenaufgang und noch mehr bei Sonnenuntergang zu monumentaler Feierlichkeit steigern. Besonders eindrucksvolle Aussichtspunkte sind der Blick auf Left und Right Mitten und Merrick Butte direkt am Parkeingang – hier kann man den Sonnenuntergang in Ruhe erleben, denn vor Sonnenaufgang müssen alle Fahrzeuge das Tal verlassen haben –, außerdem Artist Point, North Window und Ford's Point.
Auf diesem Ausflug lohnt sich ein Abstecher zum *Goosenecks State Reserve* (Goosenecks, Gänsehälse, nennt man in Amerika enge Flußkehren). 240 Kilometer östlich von Page liegen drei unmittelbar aufeinanderfolgende 180-Grad-Schleifen des San Juan, ein auf der Welt wohl einmaliges Naturwunder. Von einer Plattform in 300 Meter Höhe (am Ende der nur sechs Kilometer langen Straße 316 ab Highway 261) sind die tief eingeschnittenen Kehren gut zu überblicken.

Natural Bridges National Monument. Dieses Naturdenkmal liegt etwas abgelegen nördlich von Mexican Hat und ist über die Highways 95 und 275 zu erreichen. Die Aussichtspunkte mit Blick auf die 1883 entdeckten drei Brücken aus Sandstein, von denen die größte eine Spannweite von 81 und eine Höhe von 67 Metern hat, sind durch eine 13 Kilometer lange Ringstraße verbunden.

Die einer verlassenen Bergbausiedlung nachgebaute «Geisterstadt» Old Paria Ghost Town.

Navajo National Monument. 125 Kilometer südöstlich von Page liegt das Navajo National Monument. Drei ehemalige Indianersiedlungen, Betatakin, Keet Seel und Inscription House, sind hier zu besichtigen. Vom Parkplatz führt ein kurzer Weg zum Aussichtspunkt, von dem aus man auf die in einer riesigen Höhle gelegenen Betatakin Ruins sehen kann. Zum Besuch dieser oder anderer Ruinen sind anstrengende Wanderungen oder Ritte erforderlich. Auskünfte und Anmeldungen: Navajo National Monument, HC-71 Box 3, Tonalea, Arizona 86044.

Old Paria Ghost Town. 70 Kilometer westlich von Page am Ende eines nördlichen Abstechers der Straße 89 steht die für einen Film nachgebaute kleine Geisterstadt: einige Holzhäuser vor Lehmbergen mit zinnoberroten, braunen, weißen und grünen Schichten. Selten besucht. Vorsicht: Die sonst gute Zufahrtsstraße verwandelt sich bei Regen in Schmierseife und ist dann nicht einmal mehr zu Fuß oder mit Vierradantrieb passierbar.

Paria Canyon Trailhead. Südlich der Straße 89 Page-Kanab, 60 Kilometer westlich von Page, beginnt der Paria Canyon Trail, ein Wanderweg, auf dem eine anspruchsvolle, bei Gewittern gefährliche, mehrtägige Tour nach Lee's Ferry am östlichen Ende des Grand Canyon National Park führt. Am Anfang dieses Wegs (Trailhead) einzigartige rosa-weiße Sandsteinstrukturen.

Zion National Park. Rund 200 Kilometer westlich von Page liegt der Zion National Park. Dieser Park ist im Vergleich zu anderen Nationalparks des Colorado-Plateaus erfrischend grün, da er vom Virgin River bewässert wird.
Vom Tal des Zion Canyon, dem Herzstück des Parks, aus sind reizvolle Spaziergänge möglich, etwa zu den *Emerald Pools.* Auf dem Weg dorthin kann man unter kleinen Wasserfällen hindurchgehen, ohne naß zu werden. Der *Weeping Rock* ist ein anderes Ziel. Aus diesem «Weinenden Fels» tritt ständig Sickerwasser aus, das auf seinem Weg von der Hochfläche bis hierher mehrere Jahre gebraucht hat. Ein Wanderweg führt vom Nordende des Canyon in die *Narrows,* eine enge, vom Virgin River durchflossene Schlucht. Sehenswert sind auch die *Hanging Gardens*: Aus den fast senkrechten Sandsteinwänden austretendes Sickerwasser ermöglicht an schattigen Stellen das Leben von Feuchtpflanzen und Moosen.
Von ganz anderem Charakter ist der Ostteil des Parks. Hier, auf etwa 1500 Metern Höhe, finden sich versteinerte Dünen mit außergewöhnlichen Formen und Strukturen. Die bekannteste ist *Checkerboard Mesa* mit gut ausgebildeten Kreuzschichtungen.
Mehr zu den Ausflugszielen ab Flagstaff und Page in Bucher's Fernreisen «*Canyonland · Naturwunder Arizona und Utah*» und dem Panoramabildband «*USA – Der Südwesten*».

TEXTNACHWEIS

Simone de Beauvoir: Amerika. Tag und Nacht. Reisetagebuch 1947. Hamburg: Rowohlt 1950.
Sven Hedin: Gran Cañon. Mein Besuch im amerikanischen Wunderland. Leipzig: Brockhaus 1926.
Joseph Wood Krutch: Grand Canyon. Today and All Its Yesterdays. New York: William Sloane Associates 1958. Deutsche Übersetzung: Peter Torberg.
John Wesley Powell: The Exploration of the Colorado River and Its Canyons. Dover Publications 1961.

Wir danken allen Rechteinhabern und Verlagen für die freundliche Erlaubnis zum Nachdruck. Trotz intensiver Bemühungen war es aber nicht möglich, alle Rechteinhaber zu ermitteln. Wir bitten diese, sich an den Verlag zu wenden.

BILDNACHWEIS

Die Karte auf Seite 48 zeichnete Astrid Fischer-Leitl, München.
Bildarchiv C.J. Bucher Verlag, München: S. 49 (2).
Helmut Friedrich, Möhrendorf: S. 38 u., 56 l., 59 r.o. und r.u., 60 (2), 61 o., 62 (2), 63 (2), 64.

Alle übrigen Abbildungen stammen von Christian Heeb.

BUCHER'S FERNREISEN
GRAND CANYON

Konzeption: Axel Schenck
Lektorat: Susanne Kronester
Anthologie: Peter Torberg
Graphische Gestaltung: Werner Poll
Herstellung: Angelika Kerscher
Druck und Bindung: Druckerei Uhl, Radolfzell
Papier: gedruckt auf Classen Supra/SCA Fine Paper. Lieferant: Classen-Papier KG

Sonderausgabe für Cormoran in der Südwest Verlags GmbH & Co. KG, München

ISBN 3-517-07978-2